Sina Müller, Yasmin Serth

Mit digitalen Medien den Schulalltag optimieren

66 praktische Ideen für
Selbstorganisation und Unterricht

Verlag an der Ruhr

Titel
Mit digitalen Medien den Schulalltag optimieren
66 praktische Ideen für Selbstorganisation und Unterricht

Autorinnen
Sina Müller, Yasmin Serth, Eva Wilden

Titelbildmotiv
© Uwe Langnickel – Fotolia.com

Fotos
Kapiteldeckblätter:
S. 25 © Dmitriy Chistoprudov – Fotolia.com; S. 49 © HaywireMedia – Fotolia.com;
S. 55 © RTimages – Fotolia.com; S. 115 © DesignNic – Fotolia.com

Verlag an der Ruhr
Mülheim an der Ruhr
www.verlagruhr.de

Geeignet für die Klassen 1–13

Unser Beitrag zum Umweltschutz:
Wir sind seit 2008 ein ÖKOPROFIT®-Betrieb und setzen uns damit aktiv für den Umweltschutz ein. Das ÖKOPROFIT®-Projekt unterstützt Betriebe dabei, die Umwelt durch nachhaltiges Wirtschaften zu entlasten.
Unsere Produkte sind grundsätzlich auf chlorfrei gebleichtes und nach Umweltschutzstandards zertifiziertes Papier gedruckt.

ISBN 978-3-8346-0968-7

Printed in Germany

Liebe Leser*,

dieses Buch möchte Ihnen zeigen, an welchen Stellen die **digitalen Medien** eine echte **Chance und Bereicherung** für Ihren Schulalltag bedeuten können. Ob Sie nun Ihre Schüler motivieren und faszinieren oder die eigenen organisatorischen Abläufe optimieren wollen – ganz sicher werden Ihnen viele der Ideen eine große Hilfe sein. Verstehen Sie die Vorschläge dabei als „**Ideenkiste**", aus der Sie sich das für Sie Passende auswählen.

Das Buch ist neben einer Einleitung, die sich ausführlich mit dem Thema „Digitale Medien und Schule" auseinandersetzt, in vier Teile gegliedert:

1) Den schulischen Alltag organisieren; 2) Rechtliches; 3) Unterricht vorbereiten, durchführen und nachbereiten; 4) Schüler werden aktiv.

Innerhalb dieser Teile werden Ihnen insgesamt 66 Ideen präsentiert, jeweils mit Angabe der nötigen Medien (Geräte und in Klammern die Software), Kurzbeschreibung inkl. Impulsen zum sinnvollen Einsatz im Schulalltag, Hinweisen zur Vorbereitung und zum Ablauf. Bitte beachten Sie, dass das vorliegende Printprodukt naturgemäß träger ist als das Digitale – sprich, dass die geschilderten Abläufe und Vorgehensweisen vielleicht bei der nächsten Version der geschilderten Software so nicht mehr ganz korrekt sind. Betrachten Sie sie also als **Richtlinie**, das genaue Vorgehen müssen Sie evtl. bei einer nächsten Version noch einmal ausklügeln. Wo der digitale Fortschritt die Ideen überholt, können sie doch **exemplarisch** als Impulse betrachtet werden.

Als besonderen Service für Sie haben wir analog zur Beschreibung der Erstellung einer Klassenhomepage eine **Homepage** zu diesem Buch erstellt. Sie finden sie unter: https://sites.google.com/site/medienimunterricht/home

Wo immer Sie das folgende Icon finden: , finden Sie auf der Homepage Beispiele, Vorlagen oder Verlinkungen.

> **Achtung:** Zum Teil sollen die Schüler mit eigenen Geräten, wie Handys oder Digitalkameras, arbeiten. Informieren Sie in solchen Fällen die Eltern über das geplante Vorhaben und holen Sie sich ihre schriftliche Genehmigung ein. Klären Sie außerdem im Vorfeld die Haftung; orientieren Sie sich diesbezüglich am Schulgesetz.

Nun aber viel Spaß beim Umsetzen und Ausprobieren!

---

* Aus Gründen der besseren Lesbarkeit haben wir in diesem Buch durchgehend die männliche Form verwendet. Natürlich sind damit auch immer Frauen und Mädchen gemeint, also Lehrerinnen, Schülerinnen etc.

Digitale Medien – was ist das?

Podcasts, RSS-Feeds und Twitter halten Einzug in den Alltag unserer Schüler. Immer mehr technische Möglichkeiten gibt es, und wir wissen teilweise gar nicht mehr, wofür sie zu gebrauchen sind. Der Begriff der neuen Medien, der häufig synonym zu dem der digitalen Medien verwendet wird, ist sehr vielseitig und nicht festgelegt auf eine bestimmte Art technischer Geräte. Es handelt sich vielmehr um eine sich ständig im Wandel befindende Kategorie.

Anfang des 21. Jahrhunderts gehören das Handy und der stationäre Computer schon fast wieder zu den ergrauten Medien unserer Zeit, und neuere, wie das interaktive Whiteboard und die Tablet-PCs, erreichen die Klassenzimmer. Immer schneller werden Medien entwickelt, immer mehr kommen gleichzeitig auf den Markt. Immer schneller verblassen eben noch gegenwärtige Produkte.

Die Schüler kennen sich schnell mit den aktuellen Angeboten aus und benutzen diese selbstverständlich. Viele von ihnen genießen den Umgang mit neuen technischen Errungenschaften und stellen sich automatisch der Herausforderung, die neuen Geräte zu durchschauen und zu bedienen. Auch der Abgrenzung zur Erwachsenenwelt scheinen die technischen Geräte zu dienen. Ihre Risiken finden dabei allerdings oft zu wenig Beachtung.

Wie können die digitalen Medien den Lehreralltag unterstützen?

Von manchen Kollegen werden sie vor allem als Hindernis und Zeitfresser gesehen, und ihre Vorteile werden oft nicht ausreichend erkannt und wertgeschätzt. Doch sie können sehr wohl auch die Arbeitsschritte der Lehrer vereinfachen und Zeit sparen.

Selbsterstellte bzw. copyrightfreie Arbeitsmaterialien können in einem großen Datenpool gesammelt und später leicht erneut genutzt werden. Suchfunktionen und ein geringer räumlicher Stauraum verbessern die Aufbewahrungssituation.

Noten können am Computer festgehalten und dann automatisch von einem Programm errechnet werden. Man muss nicht mehr für jeden einzelnen von rund 30 Schülern die Gesamtnote aus vielen Einzelnoten mit unterschiedlicher Gewichtung mit Hilfe des Taschenrechners mühselig ausrechnen. Das übernimmt der Computer. Zudem kann man zu jeder Zeit den Leistungsstand eines Schülers abrufen und mitteilen.

Die Kommunikation zum Elternhaus und mit älteren Schülern kann durch einen gezielten E-Mail-Verkehr einfacher und kostengünstiger werden. Nachrichten landen noch am selben Tag im Postfach der Eltern, und man kann auch zu sonst eher ungewöhnlichen Zeiten antworten, falls man lieber früh morgens oder später am Abend arbeitet.

Abstimmungen mit den Kollegen können vereinfacht werden, und die Terminfindung für die nächste Klassenkonferenz gestaltet sich einfacher, ohne ein ständiges Hinterherfragen: „Kannst du am Montag? Nein? Oh je, Frau Schmidt kann aber nur Montag oder Dienstag. Jetzt habe ich die anderen nicht gefragt, ob sie auch am Dienstag freihaben."

Die Schüler dagegen werden in das digitale Zeitalter eingeführt und lernen dabei die Arbeitsweisen kennen, die sie für ihre zukünftige Arbeit benötigen. Neben dem Spaß, den die meisten mit den Medien haben, wird auch der Ernst, den diese mit sich bringen, aufgezeigt. Der Unterricht bietet eine Chance, einen **professionellen Umgang** und **Chancen wie Risiken** zu vermitteln. Lernplattformen werden an Schulen wie Universitäten immer selbstverständlicher, und so sollten die Schüler an den Umgang mit diesen herangeführt werden.

Aber auch die Anforderungen des Lehrplans ändern sich. Audio-visuelle Medien sollen verstärkt Einzug in den Unterricht halten und analysiert werden. Nicht nur das Abspielen, sondern auch das Aufnehmen und Bearbeiten dieser Medien, die Produktion von Audiodateien und kleinen Filmen wird immer wichtiger. Schüler können sich auf ganz neue Weise kreativ betätigen.

Ein letzter Vorteil der digitalen Medien, der hier genannt werden soll, ist die rein „logistische" Erleichterung, die sie Ihnen bieten können. Man muss nicht mehr mit der großen Landkarte in den Klassenraum ziehen, sondern kann diese am interaktiven Whiteboard öffnen und beschriften, man braucht nicht mehr vier CDs an einem Tag mitzuschleppen, da man jetzt alle Audiodateien auf einem USB-Stick oder MP3-Player hat, und auch für spontane Vertretungsstunden hat man so ggf. auf seinem Stick Material zur Verfügung. Man ist nicht mehr gezwungen, alle Arbeitsblätter auszudrucken, sondern kann einige auch in digitaler Form zur Bearbeitung bereitstellen.

Das Internet gestaltet sich neu – Web 2.0, was ist das?

Das Internet ist eines der größten digitalen Medien. Blitzschnell verändert es sich. Anfangs zeichnete es sich hauptsächlich dadurch aus, dass man passiv an der Nutzung teilnahm, also meist Inhalte „konsumierte", während nur eine kleine Nutzergruppe diese zur Verfügung stellte. Es war eher einfach und statisch. Aber es entwickelt sich immer mehr zu einem Medium, an dem man aktiv mitarbeiten kann.

Können Sie sich noch an die Zeit vor dem Internet erinnern? Wie hat man dort den Weg in die Stadt gefunden? Wie die Öffnungszeiten des lokalen Supermarkts erfahren? Wie seinen Urlaub vorbereitet? Dies ist nur ein kleiner Teil heute selbstverständlicher Online-Aktivitäten. Die Suchmaschine Google existiert erst seit 1998, aber mehr als 80% der weltweiten Internetnutzer nutzen Google. Das Wort „googeln" hat es in kurzer Zeit in den Duden geschafft, und der Großteil der Bevölkerung versteht, was damit gemeint ist.

Soziale Netzwerke spielen heute eine große Rolle. Konsumenten beschreiben sich im Internet, laden Bilder hoch, berichten von der letzten Party oder vom Urlaub. Freunde und auch Menschen, die vielleicht besser keinen Zugriff auf die Daten haben sollten, schauen sich die Beiträge an und kommentieren sie auf der „Pinnwand". So entsteht im Internet ein sich ständig wandelndes Netz.

Aber auch weniger persönliche Inhalte werden von ganzen Gemeinschaften geändert. Mittlerweile gibt es eine Vielzahl an Austauschplattformen. So gibt es ganze Seiten mit von Nutzern eingestellten Kochrezepten, Urlaubsrezensionen oder Jobangeboten.

Wikipedia ist ebenfalls ein Beispiel für ein besonders großes, weltweites Netzwerk, an dem sich jeder beteiligen und Änderungen vornehmen kann. Dieses Online-Lexikon wird nicht von wenigen Experten geschrieben und dann von der breiten Masse gelesen, sondern jeder kann mitwirken und sein Wissen oder auch Nichtwissen veröffentlichen.

Ganze Kaufverträge werden ebenfalls über das Internet abgeschlossen. Große Anbieter, wie Amazon™, verschicken täglich unzählige Produkte. Aber man kann dort nicht nur bestellen, sondern auch aktiv verkaufen. Ebay™ ist eines der größten Versteigerungsportale, hier können Nutzer schnell gebrauchte Dinge erwerben oder verkaufen. Der Weg in eine Buchhandlung oder auf einen Flohmarkt bleibt so vielen Nutzern erspart – oder sollte man eher sagen, sie kommen nicht mehr in den Genuss? Für unsere zukünftigen Schüler bedeutet dieses neue Internet in jedem Fall, dass sie nicht mehr die gleichen Erfahrungen machen werden, wie sie bisher gemacht wurden.

„**Web 2.0**" schwirrt als Schlagwort in den verschiedenen Foren herum und wird immer häufiger genutzt. Doch eine Definition für diese Version des Internets ist noch nicht einheitlich festgelegt. Im allgemeinen Sinne möchte man mit dem Begriff Web 2.0 die Abgrenzung des passiven Internets zu der neu entwickelten Internetvariante, an der immer mehr Nutzer auch aktiv mitarbeiten, bezeichnen. „**Social Media**" ist ein Begriff, der synonym zum Begriff des Web 2.0 verwendet wird.

Die Zukunft des Internets ist noch nicht abzuschätzen. Wie wird Web 3.0 aussehen? Und was wird Web 11.0 bringen? Die Richtung, in die es gehen wird, ist auf jeden Fall klar erkennbar und schon eingeschlagen: Das Internet wird sich immer mehr den Gewohnheiten des Nutzers anpassen. So kann beispielsweise Google schon jetzt Wörter, die wir in die Suchzeile eingeben, voraussagen und uns mögliche Suchwörter vorschlagen. Google merkt sich auch die Seiten, die wir besonders häufig besucht haben, und schlägt uns diese direkt zu Beginn einer Internetsitzung vor. Werbebalken werden genau nach unseren Bedürfnissen erstellt. Haben wir in der Sitzung zuvor nach Urlaub auf Kreta geschaut, so werden uns in Zukunft auf unseren Seiten Werbebanner mit Hotels in Kreta angezeigt. Die Seiten personalisieren sich zunehmend, der Nutzer wird ganz gezielt beeinflusst. Unser Computer passt sich unserem Verhalten immer mehr an, was z.T. auch eine Arbeitserleichterung bedeuten kann. Wird der Computer einmal ein Abbild unserer selbst werden? Werden Realität und virtuelle Welt verschmelzen? All das sind Fragen, mit denen wir uns auseinandersetzen müssen. Vor allem müssen wir unsere Schüler auf diese mögliche Zukunft vorbereiten.

Was müssen Schüler für die zukünftige Medienwelt wissen?

Unsere Schüler werden ganz natürlich mit der Vielfalt und der rasanten Entwicklung neuer Medien groß. Sie gehen unbefangen an die Medien heran und nutzen diese zum Teil auch sehr unbedarft, oftmals ohne sich der Konsequenzen bewusst zu sein. Die neue Medienwelt birgt Risiken, doch kann sich ein Schüler andererseits nicht mehr erlauben, ohne diese Medienerfahrungen aufzuwachsen und ins Arbeitsleben starten zu wollen. In ein paar Jahren wird es sich beispielsweise wohl kein Schüler mehr leisten können, keine virtuelle Identität zu haben. Arbeitgeber werden immer häufiger das Internet nach Bewerbern durchforsten, und es wird zu einem Ausschlusskriterium werden, wenn sie dort nicht vertreten sind – für den zukünftigen potenziellen Arbeitgeber existiert man schlechthin nicht. Schüler brauchen demnach eine „Visitenkarte" im Internet. Auch privat ist mittlerweile oft außen vor, wer nicht in einem sozialen Netzwerk zu finden ist. Verabredungen wie auch der Austausch über Lerninhalte finden dort statt.

Unsere Schüler müssen im Umgang mit zahlreichen elektronischen Geräten geschult sein. Wenn eine Servicehotline nur noch über einen Chatroom oder das Internettelefon erreichbar ist, dann müssen sie damit umgehen können. Viele Arbeitgeber schreiben ihre Stellen mittlerweile nur noch im Internet aus und erwarten eine elektronische Bewerbungsmappe. Wer nicht weiß, wie man eine solche anlegt, braucht sich erst gar nicht um die Arbeitsstelle zu bemühen.

Das Stichwort Lernplattformen an Universitäten und Schulen fiel bereits. Studenten und Schüler müssen sich dort in ihre Kurse einwählen, können Hausarbeiten einreichen und ihre Noten einsehen. Wer niemals an die Nutzung solcher elektronischer Plattformen herangeführt wurde, wird es schwer haben, sich in diesem Mediendschungel zurechtzufinden.

Folglich ist es notwendig, in den Schulen erste Grundlagen für den gekonnten Umgang mit digitalen Medien zu legen. Dabei geht es nicht darum, alle digitalen Medien zu kennen, sondern vielmehr darum, Strukturen und Prinzipien zu erlernen, sich auf die digitalen Medien einzulassen und einen professionellen Umgang zu beherrschen, der sich von den privaten Spielereien unterscheidet.

Wie geht man in der Schule mit den ständig wechselnden Medien um?

Unsere Schulen sollen Schüler auf die zukünftigen Bedingungen vorbereiten. Doch dabei stehen sie einem großen Problem gegenüber: Digitale Medien kosten in ihrer Anschaffung und Unterhaltung Geld, das die Schulen nicht immer aufbringen können. Weiterhin sind die meisten Lehrer selbst nicht ausreichend im Umgang mit den digitalen Medien geschult, und die finanziellen und zeitlichen Mittel fehlen, um das zu beheben. Die Folge ist, dass digitale Medien entweder gar nicht angeschafft werden oder zwar angeschafft werden, die Lehrer aber im Umgang damit nicht ausreichend geübt sind. Dies führt zu Frust und Demotivation, und die neuen Ressourcen bleiben weiterhin ungenutzt.

Fehlende finanzielle und zeitliche Mittel kann eine Schule, wenn überhaupt, nur mit großem Kraftaufwand beseitigen. Sponsoren können weiterhelfen, auch die Teilnahme an einem Pilotprojekt kann Schulen neuen Aufwind geben. Für die meisten Schulen sieht die Realität jedoch anders aus, und Lehrer müssen die Initiative ergreifen, um im Sinne ihrer Schüler digitale Medien in den Unterricht zu integrieren. Dies bedeutet Mehrarbeit in der Vorbereitung und einen erhöhten Stressfaktor während des ersten Erprobens der digitalen Medien im Unterricht. Nicht immer wird alles auf Anhieb klappen, und Lehrer müssen sich ständig neu motivieren, weiter daran zu arbeiten. Lassen Sie sich dabei nicht entmutigen! Setzen Sie um, was möglich ist. Seien Sie sich jedoch auch dessen bewusst, dass es Grenzen gibt. Schon auf Grund des Tempos der Entwicklungen macht es nicht immer Sinn, allem hinterherzueifern. Treffen Sie eine gezielte Auswahl, ohne ein Medienfeuerwerk aufzufahren und die Schüler zu überreizen.

Welche Rolle übernimmt der Lehrer?

Die Erarbeitung der Medienkompetenz ist als fächerübergreifendes Lernziel in unseren Lehrplänen verankert – also ein Pflichtprogramm. Die Bund-Länder-Kommission für Bildungsplanung und Forschungsförderung hat einen Orientierungsrahmen für die Medienerziehung verfasst, in dem Konzepte und Anforderungen an die Schule detaillierter beschrieben werden. Unter den entsprechenden Schlagwörtern können Sie diesen im Internet finden. Die Lehrer fühlen sich jedoch nicht zuletzt auf Grund der mangelnden Fortbildung schnell überfordert und wenig kompetent, digitale Medien in ihren Unterricht zu integrieren. Die meisten müssen derzeit selbst die Initiative ergreifen, eigenständig den Umgang erlernen und dann in Selbstversuchen den Einsatz testen. Unübersehbar entsteht eine Diskrepanz zwischen den Anforderungen, die an den Lehrer gestellt werden, und dem, was er leisten kann.

Tipp: *Materialien*
*Die **Initiative „klicksafe.de"**, deren anschauliche Werbespots Ihnen vielleicht bekannt sein werden, bietet eine große Auswahl an Materialien für Lehrer, Eltern und Schüler, um Medienkompetenz zu erarbeiten und sich kritisch mit diesem Themenfeld auseinanderzusetzen. Bitte informieren Sie sich auf dieser Seite über die verschiedenen Unterrichtseinheiten; alle sind sehr praktisch und direkt einsetzbar. Insbesondere das Lehrerhandbuch „Knowhow für junge User" bietet eine Vielzahl an Möglichkeiten, Medienkompetenz zu schulen. Vermitteln Sie Ihren Schülern einen kritischen, aber produktiven Umgang mit den digitalen Medien.*
*Im **Verlag an der Ruhr** ist speziell zum Thema Internetsicherheit außerdem für Förder- und Hauptschüler der Band „Online sein – aber sicher! Praktische Materialien zum gefahrlosen Surfen, Chatten, E-Mailen" erschienen.*
*Das jährlich aktualisierte **Lehrerpaket Medienkunde der ZEIT** ermöglicht eine aktuelle und weniger grundlagenorientierte Arbeit mit digitalen Medien. Besonders auch für den Einsatz in der Oberstufe geeignet, schult es die in der Mittelstufe erworbenen Kompetenzen und fördert weiter das kritische Auseinandersetzen mit digitalen Medien und deren angemessene Anwendung.*

Die Rolle des Lehrers besteht darin, den Schülern Kompetenzen zu vermitteln, die sie dann später auf andere Medien übertragen können. Die benötigten Kompetenzen sind vielfältig und beschränken sich keineswegs auf die reine **Gerätekompetenz**. Einen Geräteeinsatz kann man darüber hinaus immer nur in Abhängigkeit des Lerninhaltes bestimmen. Dabei gilt ein neues Medium nicht als Lerngegenstand, sondern als **Werkzeug** auf dem Weg zum Lernziel.

Eine detaillierte Kenntnis darüber, wie ein Gerät technisch in allen Feinheiten funktioniert, ist nicht vonnöten, vielmehr ist entscheidend, dass man weiß, wie man ein Gerät bedient und welche Funktionen man zur Verfügung hat. Die beste inhaltliche Idee ist hinfällig, wenn man nicht weiß, wie man sie umsetzen kann. Für den Lehrer bedeutet das, dass er nicht nur die Rolle des Inhaltsvermittlers übernimmt, sondern auch in **Bedienungsfragen** weiterhelfen kann, um Frust und Unzufriedenheit zu vermeiden. In einer Vielzahl von Fällen kommt es aber vor, dass einige der Schüler besser informiert sind als der Lehrer, hier können sie selbst die Rolle des Vermittlers übernehmen.

Mit der Menge an neuen Informationsquellen muss auch gelernt werden, **wie diese Informationen entstehen** und **wie verlässlich** sie sind. Im Internet findet sich viel laienhaftes Halbwissen. Daher muss der Lehrer den Schülern vermitteln, wie wichtig ein glaubhafter Autor ist und wie sie das Wissen mit weiteren Quellen überprüfen und nachweisbar machen. Wikipedia wird von vielen als Nachschlagewerk genutzt, ohne dass sich Schüler darüber Gedanken machen, ob diese Inhalte stimmen. Vermitteln Sie Ihren Schülern eine kritische Herangehensweise und ein routiniertes Beurteilen von Quellen.

Digitale Medien üben einen großen Reiz auf junge Nutzer aus. Selbst vielleicht verhasste Matheaufgaben mögen im neuen Format plötzlich Spaß machen. Gleichzeitig verleiten die Medien auch dazu, zu viel Zeit damit zu verbringen und die „realen" Erfahrungen zurückzustellen. Auch hier kommt Ihnen eine wichtige Rolle zu: Schüler müssen an den richtigen Umgang mit digitalen Medien als Arbeitswerkzeug, nicht als Spielzeug herangeführt werden. Daher müssen ihnen ggf. ganz konkrete Ziele gesetzt, Zeiten und geeignete Funktionen vorgegeben werden.

Die Medien bringen zudem eine ganz neue Art der Kommunikation mit sich. Emoticons, Chatsprache und E-Mailverkehr erlauben und erfordern andere Umgangsformen. Gefühle und Mimik werden in den schriftlichen Verkehr mit eingeschlossen. Hier muss gelernt werden, sehr genau zwischen formellen und privaten Anlässen zu unterscheiden. Schule hat auch die Aufgabe, solche Situationen zu simulieren und dabei zu helfen, den richtigen Ton zu treffen.

Welche Gefahren bergen digitale Medien?

In erster Linie sollen sie eine Erleichterung und keine Last sein. Sie können uns im Alltag unterstützen und uns Arbeiten abnehmen. Aber es gibt auch zahlreiche Risiken, gerade für Kinder und Jugendliche. Computerspielsucht, Cybermobbing, Internetpornografie – wir müssen Gefahren einschätzen lernen und präventiv handeln.

Süchte aller Art sind bekannt – und auch, wie schwierig es ist, zu widerstehen. Lehrer und Eltern müssen verbindliche Zeiten und Ziele im Umgang mit den digitalen Medien ausmachen und genau hinschauen, wie die Kinder die Geräte nutzen. Im gemeinsamen Gespräch kann man möglicherweise erste Anzeichen erkennen und gezielt dagegen lenken.

Cybermobbing, eine Art der Belästigung, Beleidigung und Diffamierung mittels neuer Technologien, ist eine neue und sehr verletzende Art, Mitschüler, Lehrer oder andere Mitmenschen zu demütigen. Internet und Handy bieten Schülern Anonymität. Gerade diese wird beim Cybermobbing ausgenutzt. Mobbingopfer werden mit Bildern im Internet, falschen E-Mails oder SMS-Attacken angegriffen. Diese Bedrängung findet nicht nur in der Schule statt, sondern die Opfer müssen sich auch im bisherigen Schutz des Zuhauses diesen Attacken aussetzen. Sie können die Angriffe u.U. keinem ihrer Mitschüler eindeutig zuordnen, unter den Mitschüler entsteht ggf. ein Gruppenzwang, und immer mehr Schüler machen mit. Die Unsicherheit des aufgezogenen Schülers wächst mit jedem Schritt. Diese neue Dimension des Hänselns darf in keiner Weise toleriert werden. Cybermobbing muss in Schulen angesprochen und, falls nötig, verfolgt werden. Mehr als einmal haben solche Fälle schon zu Suizid(versuchen) geführt.

Schnell hat sich mal ein Schüler in der Suchmaschine vertippt und landet möglicherweise auf einer **nicht jugendfreien Seite**. Schulen haben mittlerweile viele Filter, die den Zugriff auf pornografische, rechtsextremistische und andere gefährliche Seiten, wie z.B. Abo-Fallen, verhindern. Auch zu Hause kann man das Internet kindersicher machen; nehmen Sie diesbezüglich ggf. mit den Eltern Kontakt auf. Nicht immer ist ein 100%-Schutz garantiert. Dagegen hilft nur ein Interesse und ein reger Austausch hinsichtlich der Internetaktivitäten des Nachwuchses.

Eine weitere Gefahr besteht darin, dass unsere Schüler meist nicht abschätzen können, wer Zugriff auf ihre **persönlichen Daten** hat. Unbedarft verraten Schüler im Internet ihre postalische Adresse, ihr Geburtsdatum und ihren wahren Namen. Firmen können mit den Informationen, die sie aus dem Internetverhalten der Nutzer gewinnen, gezielt Werbekampagnen schalten. Kriminelle können im Internetversandhaus Waren auf den Nachnamen eines anderen Nutzers bestellen. Schülern muss daher klargemacht werden, dass, auch wenn sie die anderen Nutzer nicht sehen, hinter dem Bildschirm Millionen von Menschen sind, von denen einige nur auf ihre Informationen warten, um diese dann zu verwenden. Der Umgang mit Passwörtern und Benutzernamen muss genauso geübt werden wie das Bedienen der Privateinstellungen auf Facebook™. Außerdem muss den Schülern verständlich gemacht werden, dass, nur weil sie sich in Deutschland befinden und das Internet aufrufen, nicht gleich deutsche Rechte gelten. Die virtuelle Welt ist kompliziert, auch wenn sie scheinbar einfach zu bedienen ist.

Welchen Einfluss haben die digitalen Medien auf unser alltägliches Leben?

Die Umstellungen für den Alltag, die sie mit sich bringen, sind so radikal wie das Tempo der Veränderungen: Der gute alte Brief ist fast verschwunden, das Einkaufen beim Supermarkt mittlerweile per Internet möglich. Haushalte ohne Internetanschluss innerhalb einer Klasse kann man schon an einer Hand abzählen. Müssen wir irgendwann das Haus nicht mehr verlassen, um einen Arzt zu konsultieren? Wie lange dauert es noch, bis Geldscheine obsolet sind und wir nur noch mit PINs bezahlen? Digitale Medien leiten uns in eine ganz andere Welt, als wir sie heute kennen.

Die neuen Kommunikationsstrukturen bringen auch gesellschaftliche Veränderungen mit sich. Freunde werden elektronisch erreicht, man berichtet von seinem letzten Urlaub auf Facebook™, einem virtuellen Marktplatz, auf dem eigentlich jeder „mithören" kann. Und ganz schnell werden Nachrichten verbreitet – ob sie nun stimmen oder nicht.

Die Piratenpartei hat sich aus einer Internetbewegung gegründet und erfreut sich zunehmender Beliebtheit. Auch die Umstürze in Tunesien haben ihre Anfänge im Internet genommen. Protestmärsche wurden angekündigt, Videos und Informationen wurden weitergeleitet, bis die Regierung das Internet abstellte. Große Menschenmassen können informiert und mobilisiert werden. Wer erinnert sich nicht an den Fall „Tessa", als die 16-jährige Schülerin alle Facebook™-Mitglieder
zu ihrer Geburtstagsfeier in Hamburg einlud und die Polizei letztendlich eingreifen musste, um die Massen wieder zu kontrollieren! Neue Terminologien, wie „Facebook-Partys", entstehen. Und China geht sogar so weit, Netzwerke zu zensieren und den Zugriff darauf zu unterbinden, wohl wissend, welche Wirkung davon ausgeht.

Das Internet, insbesondere soziale Netzwerke, lassen den Menschen Raum und Zeit vergessen. Man hat das Gefühl, so informiert zu sein, als würde man die Geschehnisse vor Ort miterleben. Jeder kann sich in Diskussionen einschalten und Bemerkungen machen, egal, wie qualifiziert er dafür ist. Unsere Schüler wachsen in diese Gesellschaft hinein, empfinden es als natürlich, so mit vertraulichen Daten umzugehen, und müssen ein gesundes, kritisches Verhalten gegenüber den digitalen Medien erst erlernen. Dies sowie die Vermittlung von Wertschätzung gegenüber den Vorteilen sollten Sie vermitteln.

Das richtige Speichermedium

Unterrichtsinhalte können heute in digitaler Form transportiert werden. Dabei muss das Medium mit den in der Schule vorhandenen Medien kompatibel sein. Es eignen sich nicht immer alle Speichermedien für alle Daten, es ist wichtig, zu wissen, wie sicher die Daten wirklich sind.

CD/DVD

CDs und DVDs (Discs) sind Plastikscheiben. Sie können sowohl wiederbeschreibbar als auch nur einmal beschreibbar sein. Daten werden darauf gebrannt, dafür benötigt man einen Brenner im Computer.
CDs können eine Datenmenge bis zu 900 Megabyte, DVDs sogar bis zu 17 Gigabyte speichern. Um Discs abzuspielen, benötigt man ein entsprechendes Laufwerk im Computer.

+ CDs und DVDs sind preiswert und meist überall anwendbar, da ein entsprechendes Laufwerk noch zur Standardausstattung älterer Computer gehört.

– Moderne Laptops haben immer seltener ein CD-Laufwerk, da diese aus Platzspargründen weggelassen werden. Hier kann aber über ein externes Laufwerk Abhilfe geschaffen werden. Ein großer Nachteil von CDs und DVDs ist, dass sie zum einen schnell zerkratzt werden können und somit fehleranfällig sind. Zum anderen ist ein nachträgliches Speichern von Daten auf dem Datenträger, wenn möglich, umständlich und langsam.

Blu-Ray Discs

Blu-Ray Discs™ gehören zu den neueren Technologien und bilden die Nachfolger der DVDs.

+ Sie zeichnen sich durch eine höhere Speicherkapazität und eine schnellere Datenübertragungsrate aus. Daher eignen sie sich besonders für hochauflösende Filme.

– Blu-Ray-Abspiel- und Aufnahmegeräte sind in Deutschland und besonders in Schulen noch nicht sehr verbreitet, damit sind Blu-Ray Discs noch nicht sonderlich nutzbar für den Unterricht.

USB-Sticks

Eine USB-Schnittstelle zählt mittlerweile zur Standardausstattung von Computern. Nicht nur Datenspeicher, wie der USB-Stick, sondern auch Geräte, wie Mäuse, externe Festplatten, Fotoapparate, MP3-Player, werden über einen USB-Anschluss an den Computer angeschlossen.
In der Regel erkennt der Computer den USB-Stick automatisch. Der Datenträger wird entweder als Massendatenspeicher angezeigt oder unter dem Namen des USB-Sticks. Möchten Sie also beispielsweise ein Word-Dokument auf Ihrem USB-Stick speichern, können Sie das über die Funktion „Speichern unter" und dann nach Auswahl des Datenträgers tun.

\+ USB-Sticks sind klein, äußerst handlich und schlagunempfindlich. Die Übertragungsrate ist schneller als bei CDs/DVDs und eignet sich besonders dafür, Daten am Unterrichtsende schnell für den Transport zu sichern.

– Es besteht jedoch die Gefahr, dass Computerviren schnell verbreitet werden. Seien Sie daher immer vorsichtig, und lassen Sie Ihren USB-Stick in regelmäßigen Abständen auf Viren überprüfen. Bedenken Sie auch, dass an schulischen PCs oft mehrere Schüler unbedarft USB-Sticks anschließen. Diese sollten darum stets mit aktuellen Virenscannern versehen sein. Denken Sie auch an den Schutz Ihres heimischen Computers.

Ein weiterer Nachteil der USB-Sticks ist verbunden mit ihrer Größe. USB-Sticks werden häufiger verloren oder am Computer vergessen. Achten Sie besonders auf Ihre Datenspeicher. Sollten Sie vertrauliche Daten auf Ihrem USB-Stick speichern, ist es unbedingt notwendig, diese durch ein Sicherungssystem mit einem Passwort zu versehen, sodass ein Zugriff verhindert werden kann, sollte das Gerät versehentlich in falsche Hände geraten.

Speicherkarten

Speicherkarten werden heute vermehrt in kleinen Geräten, wie Handys oder Digitalkameras, eingesetzt. Sie können herausgenommen und über einen Kartenschlitz an den Computer oder den Laptop angeschlossen werden. Somit werden Bilder oder Audiodateien für den Computer verfügbar gemacht.
Die gängigste Speicherkarte in Deutschland ist die SD-Karte. Sie ist sehr kompakt und robust. Die Karten gibt es in verschiedenen Ausführungen bezüglich der Speicherkapazität und der Übertragungsgeschwindigkeit.

+ Speicherkarten ermöglichen es im Unterricht, Daten von Digitalkameras oder Mobilgeräten schnell für eine weitere Verarbeitung am Computer verfügbar zu machen. Dabei ist von Vorteil, dass keine weiteren Kabel benötigt werden, die die Schüler in der Schule natürlich nicht dabeihaben.

– Jedoch ist ein Kartenschlitz im Laptop oder Computer notwendig. Ansonsten muss man mit einem externen Lesegerät arbeiten.

  Die Karten eignen sich natürlich nur für bestimmte Arten von Daten und nicht für Worddateien o.Ä.

Festplatte/externe Festplatte

Jeder Computer verfügt über eine Festplatte. Sie ist das Hauptspeichermedium, auf dem alle Programme und Daten für den entsprechenden Computer gespeichert werden. In den meisten Fällen werden vom Nutzer die wichtigsten Daten auf der Festplatte gespeichert.

+ Die Daten sind relativ sicher und an einem festen Ort.

– Auch die Festplatte ist fehleranfällig und kann ausfallen, was mit einem totalen Datenverlust enden kann.

Daten werden auf rotierende Scheiben geschrieben. Das macht Festplatten stoßanfällig. Die Häufigkeit der Vibration einer Festplatte ist ein maßgebliches Kriterium für die Lebensdauer. Gerade Schülerrechner sollten geschützt werden. Taschen und Rucksäcke müssen nicht unbedingt mit an den Computer genommen werden, um somit die Stoßhäufigkeit auf den Computer zu verringern.
Um den kompletten Datenverlust beim Ausfall eines Computers zu vermeiden, empfiehlt es sich, ein so genanntes Backup auf einem anderen Speichermedium in regelmäßigen Abständen zu erstellen. Es wäre zu schade, wenn alle mühsam erarbeiteten Unterrichtsmaterialien verloren gingen. Dafür eignen sich CDs oder externe Festplatten. Externe Festplatten funktionieren wie eingebaute Festplatten, mit dem Vorteil, dass sie transportiert werden können. Externe Festplatten verfügen über eine große Speicherkapazität und somit können Daten regelmäßig kopiert und auf einem weiteren Medium gesichert werden.
Sie sollten auch zusehen, dass die Festplatten nicht „zugemüllt" werden und es eine übersichtliche Ordnungsstruktur gibt.

Das richtige Speicherformat

Mit den verschiedenen Programmen und Anwendungsgebieten für digitale Medien wurden genauso viele verschiedene Speicherformate entwickelt. Ein Speicherformat gibt an, in welcher Form eine Datei gespeichert wurde. Das Format ist an der Endung einer Datei zu erkennen. Meist besteht ein Speichername aus dem tatsächlichen Namen, einem Punkt und der Dateiendung. Wie z.B.: **Uebungsblatt_Sterntaler.doc**

Hier wäre der Name „Uebungsblatt_Sterntaler" und die Dateiendung „.doc", also ein Microsoft Word-Dokument. Umlaute und Sonderzeichen sollten möglichst nicht in Dateinamen vorkommen, es kann dann nämlich passieren, dass die Datei später nicht mehr gelesen werden kann.

Die folgende Übersicht soll Ihnen einen ersten Überblick über die verschiedenen Formate geben.

.doc/.docx	Dateien des Textverarbeitungsprogramms Microsoft Word. docx-Dateien sind die neueren Speicherformate (ab Word 2007). Sie haben aber ab Windows 2007 die Möglichkeit, das Ganze als .doc abzuspeichern, damit auch Nutzer älterer Versionen Zugriff haben (siehe S. 21).
.exe	exe-Endungen bezeichnen ein Programm. Sollte beispielsweise eine CD eingelegt worden sein, und das Programm startet nicht automatisch, kann durch das manuelle Öffnen über den Arbeitsplatz und dann auf das Klicken der exe-Datei das Programm gestartet werden.
.gif	gif-Dateien werden häufig im Internet gefunden. Es handelt sich hierbei um Grafikdateien, die auch animiert sein können. gif-Dateien weisen eine geringere Speichergröße und geringere Farbtiefe auf.
.htm/.html	html-Dateien basieren auf der Websprache Html und bilden die Grundlage für Dateien im World Wide Web. html-Dateien lassen sich mit einem Browser öffnen.
.jpeg	jpeg-Dateien bezeichnen Grafiken. Im Vergleich zu gif-Dateien bleibt die Farbtiefe jedoch weitestgehend erhalten. Das Format eignet sich somit besonders für Fotografien.
.mp3	mp3-Formate erlauben es, Musikdateien komprimiert und dadurch Platz sparend zu speichern. Sie gehören mittlerweile zu den gängigsten Formaten für die Musikwiedergabe, da die Übertragungsraten für Musik beschleunigt wurden, ohne einen für das menschliche Ohr hörbaren Verlust.

.pdf	Eine PDF-Datei ist eine programmunabhängige Datei. Dies bedeutet, dass jeder mit dem entsprechenden Reader von Adobe® das Dokument so lesen kann, wie der Schreiber es erstellt hat. Häufig besteht bei anderen Formaten das Problem, dass der Leser nicht das gleiche Programm zum Öffnen der Datei nutzen kann wie der Schreiber. Dann können Grafiken verrutschen oder Schriftarten gar nicht angezeigt werden. PDF-Dateien verhindern dies, machen es dem Leser aber auch nicht mehr möglich, die Datei noch einmal zu verändern (siehe auch S. 20).
.ppt/.pptx	ppt ist die Endung für in Microsoft Power Point erstellte Dateien.
.tiff	tiff-Dateien werden zur Speicherung von Bildmaterial verwendet. tiff-Dateien zeichnen sich durch eine hohe Bildauflösung und eine besonders gute Bildqualität aus, benötigen aber im Vergleich zu jpeg-Dateien ein Vielfaches des Speicherplatzes.
.txt	txt-Dateien (auch Textdateien) sind Dateien, die nur aus bestimmten Zeichen bestehen. Sie lassen sich in jedem beliebigen Texteditor öffnen. Zum Lesen durch den Computernutzer eignen sich diese Dateien weniger, da sie nicht formatiert sind. Formatierungsfreie Dateien werden jedoch von einigen Programmen für die Weiterverarbeitung benötigt. So können diese Textdateien später als Rohform nützlich sein, um sie z.B. in eine Tabellenkalkulation einzufügen oder beispielsweise eine Klassenliste in eine Lernplattform zu übertragen.
.wav	wav-Endungen weisen ebenfalls auf eine Audiodatei hin. Im Gegensatz zu einer mp3-Datei gehen bei wav-Dateien keine Daten verloren. Somit sind diese Audiodateien noch in ihrer Rohform erhalten, benötigen aber zur gleichen Zeit einen besonders großen Speicherplatz.
.xls/.xlsx	xls-Dateien wurden mit dem Tabellenkalkulationsprogramm Excel von Microsoft erstellt.
.zip	zip bezeichnet Dateien, die komprimiert und/oder zusammen gespeichert wurden. Somit erlauben zip-Dateien eine Platz sparende Speicherung. Besonders geeignet sind sie daher, um größere Datenmengen per E-Mail zu versenden oder eine große Datenmenge Platz sparend zu speichern. Außerdem erlaubt das Format, ganze Dateien zusammengeschlossen und somit als eine Datei zu versenden. Für die Komprimierung (Verkleinerung und Zusammenschließung) und zum Entpacken (das Wiederherstellen der ursprünglichen Größe) benötigt der Anwender ein Programm. Am weitesten verbreitet ist das Programm WinZIP.

Achten Sie beim Speichervorgang immer darauf, dass ein angemessenes Speicherformat gewählt wird. Besonders dann, wenn Sie Dateien in anderen Zusammenhängen weiterverarbeiten oder für andere zur Verfügung stellen möchten, müssen Sie darauf achten, dass ein Format gewählt wird, das von möglichst vielen geöffnet werden kann.

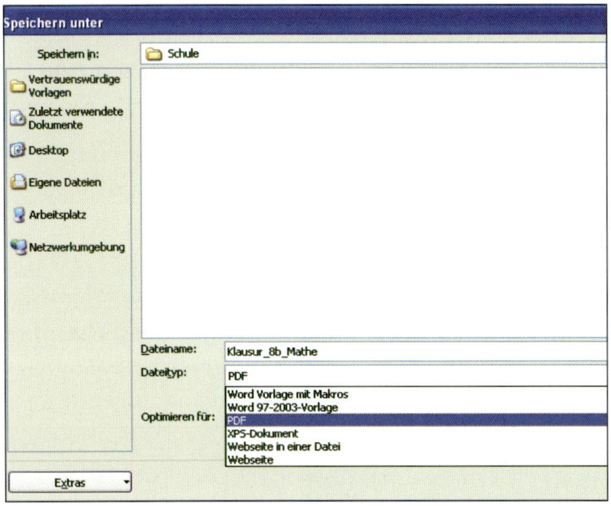

Das PDF-Format ist das plattformunabhängigste Format und kann für Elternbriefe, Hausarbeiten, elektronische Arbeitsblätter oder die Weitergabe von Handouts gut verwendet werden. Die Voraussetzung ist, dass die Leser einen Adobe Reader installiert haben. Dieser kann im Internet kostenlos heruntergeladen werden, sollte er nicht ohnehin schon installiert sein.

Um Dokumente im PDF-Format zu speichern, gibt es zwei Möglichkeiten. Erstellen Sie in Ihrem gewöhnlichen Programm das gewünschte Dokument, und formatieren Sie es nach Ihren Wünschen. Anschließend gehen Sie auf „Speichern unter“ und geben einen Dateinamen für Ihr Dokument ein. In diesem Fenster können Sie aber nicht nur den Dateinamen wählen, sondern auch das Dateiformat. Neuere Programme werden Ihnen automatisch auch das PDF-Format zur Auswahl anbieten. Klicken Sie dieses an, und Ihre Datei wird automatisch als PDF-Datei gespeichert. Falls Sie die Datei später noch einmal verwenden und überarbeiten möchten, denken Sie auch daran, Ihr Dokument ein weiteres Mal im doc-Format (oder einem anderen Ursprungsformat) zu speichern, denn PDF-Formate können später nicht mehr geändert werden.

Sollte Ihr Programm Ihnen nicht die Möglichkeit geben, Dateien als PDF zu speichern, haben Sie noch die Möglichkeit, einen „PDF-Creator“ zu installieren. Googeln Sie „PDF erstellen“, laden Sie eines der Programme kostenlos herunter, und installieren Sie dieses. Besonders beliebt ist der PDF-Creator™. Wenn Sie nun ein Dokument in einem beliebigen Programm erstellt haben,

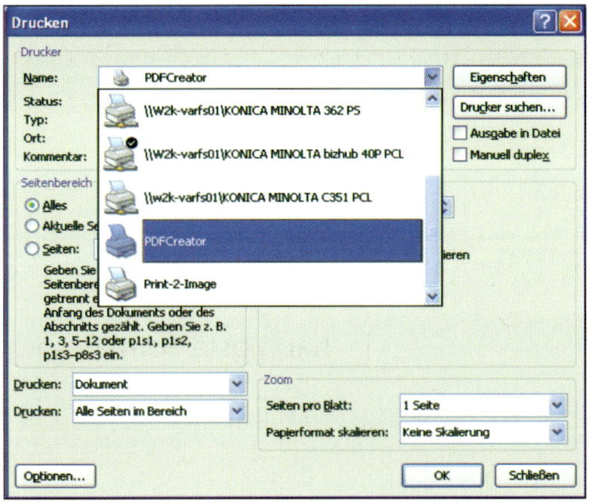

können Sie über die Druckfunktion den PDF-Creator™ anwählen. Gehen Sie dafür auf die Option „Drucken", und wählen Sie den PDF-Creator™ als Ihren gewünschten Drucker aus. Klicken Sie auf „Drucken", und das Programm erstellt Ihnen automatisch eine Datei im PDF-Format; Sie müssen nur noch den Speichernamen und den Speicherort wählen.

Berücksichtigen Sie außerdem, dass die verschiedenen Versionen von Microsoft Word, Excel und PowerPoint unterschiedliche Endungen aufweisen. Sollten Sie beispielsweise ein docx-Dokument speichern und anschließend veröffentlichen oder versenden, wird ein Leser mit einer älteren Word-Version diese nicht öffnen können. Achten Sie daher darauf, dass Sie Worddokumente für die weitere Verarbeitung für Word 97–2003 speichern. Der Nachteil ist, dass einige der Formatierungen verloren gehen und nicht alle Schriftarten auch in den älteren Versionen vorhanden sind.

Die richtige Speicherstruktur

Die Zeiten, in denen sich tonnenweise Arbeitsmaterialien in gut beschrifteten Ringordnern im Regal stapelten, gehören immer mehr der Vergangenheit an. Arbeitsmaterialien werden oft in elektronischer Form abgespeichert. Aber auch hier sollte man, um schnell Materialien zu finden oder damit sie nicht in Vergessenheit geraten, diese sinnvoll benennen.
Richten Sie sich an Ihrem Arbeitsplatz am Computer einen Schulordner ein. In diesem Ordner können Sie alle schulischen Materialien ablegen. Erstellen Sie sich eine Struktur, die Ihnen logisch erscheint, und spielen Sie sie bis zum Ende durch. Das heißt: Legen Sie auch direkt alle Unterordner an, um zu sehen, ob Ihre Struktur immer noch übersichtlich ist und nicht vielleicht zu viele Klicks nötig macht, bis Sie zu dem gewünschten Material gelangen.

Bei der Ordnerstruktur sind zwei generelle Methoden zu unterscheiden. Sie können mit Unterordnern arbeiten (Nachteil: dies bedeutet eine klickintensivere Arbeit), oder Sie können mit Speichernamencodes arbeiten (Nachteil: dies hat dann lange Dateinamen zur Folge). Beides soll hier kurz dargestellt werden.

Arbeiten mit Unterordnern

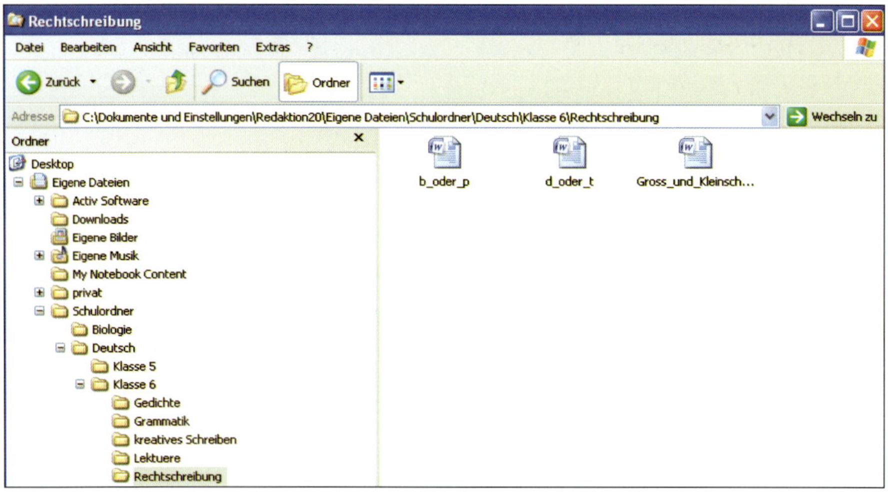

Wie in dem Beispiel gezeigt, können Sie einen Hauptordner, in diesem Falle „Schulordner", und in diesem Ihre Unterordner anlegen. Im Beispiel wurde zunächst nach Unterrichtsfach (Biologie, Deutsch und Mathe) getrennt sowie ein Verwaltungsordner angelegt. Danach wurden für jeden Ordner die Klassenstufen angelegt und innerhalb dieser nach den einzelnen Themengebieten unterschieden. So findet man im Deutschordner der sechsten Klassen für die Rechtschreibung alle Übungen, die man jemals erstellt hat. Der Vorteil dieser Ordnungsweise liegt darin, dass man im allerletzten Unterordner sehr übersichtlich alle Übungen findet, jedoch muss man sich durch viele Ordner klicken, bis man dort angekommen ist.

Arbeiten mit Ordnercodes

Die Arbeit mit Ordnercodes erfordert kein Anlegen von Ordnern und ist daher weniger klickintensiv. Überlegen Sie sich eine Verschlüsselung für Ihre Dateien. In dem Beispiel S. 23 wird zuerst die Klassenstufe angegeben, dann das Fachkürzel, die Unterrichtseinheit und dann das Thema. Es ist auch möglich, wie z.B. bei „5 ENG Unit 2 Simple Present AB", das Arbeitsmaterial

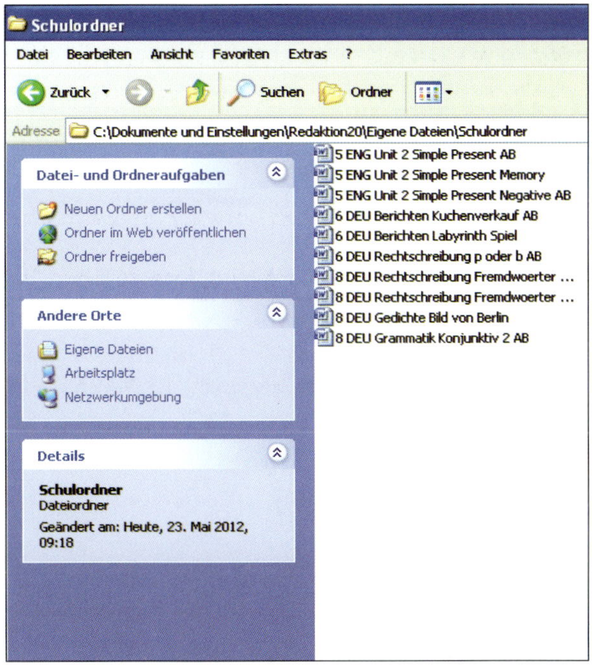

genauer zu bestimmen, hier weiß man z.B., dass es sich um ein Arbeitsblatt handelt und nicht etwa um ein Spiel oder eine Präsentation.
Der Nachteil dieser Struktur wird schnell ersichtlich, denn die Listen können sehr lang werden, und dann hat man leicht eine unübersichtlich lange Dateiabfolge. Der Vorteil ist, dass, wenn man es alphabetisch ordnen lässt (durch einfaches Klicken auf das Wort „Name“ über der Liste), alle Materialien zu einer bestimmten Klassenstufe ersichtlich sind und so Materialien nicht in Vergessenheit geraten können. Auch die Suche mit Hilfe der Suchfunktion gestaltet sich einfacher mit dieser Technik.
Es ist natürlich auch denkbar, eine Mischform aus beiden Techniken zu nutzen und beispielsweise Ordner für die einzelnen Unterrichtsfächer und Klassenstufen anzulegen und innerhalb dieser mit einem Code zu arbeiten, um Unterrichtseinheit, Materialtyp und Unterrichtsgegenstand schnell zu erkennen.
Wenn Sie neues Material elektronisch erstellt haben, klicken Sie auf „Speichern unter“, wählen den entsprechenden Ordner aus oder geben den Ordnercode ein. Wichtig ist es, aussagekräftige Namen zu finden, um später das ständige Öffnen zum Nachsehen vor einer erneuten Nutzung zu verhindern.
Wenn Sie Material in Ihrem Fundus suchen möchten, dann können Sie zum einen die Ordner durchklicken oder sich über die alphabetisch geordnete Liste bis zu der gewünschten Jahrgangsstufe und dem entsprechenden Schulfach bewegen, oder Sie können die automatische Suche verwenden. Befinden Sie sich in Ihrem Arbeitsplatz beispielsweise in Ihrem Schulordner, dann wird Ihnen bei Microsoft™ automatisch oben rechts die Möglichkeit angeboten, diesen zu durchsuchen. Geben Sie an, was Sie suchen, beispielsweise etwas zum Konjunktiv für die achte Klasse, also „8 Konjunktiv“.

Ohne dass Sie lange durch die Liste scrollen müssen, werden Ihnen alle Dateien angezeigt, die „8“ und „Konjunktiv“ im Namen haben.

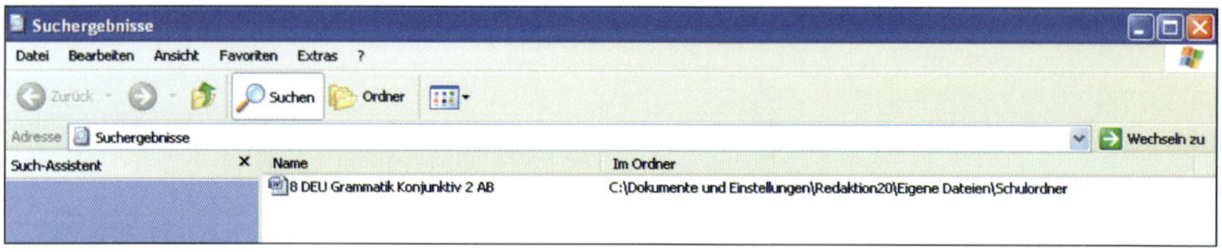

Somit ersparen Sie sich eine lange Suche nach Dateien. Es werden Ihnen vermutlich auch Dateien angezeigt, an die Sie vielleicht nicht mehr gedacht hätten. Gerade nach einigen Jahren sammelt sich schließlich einiges an Material an.

1

Den schulischen Alltag organisieren

Material erstellen und verwalten

1. Skizzen, Tafelbilder etc. digitalisieren

Medium: PC, Scanner

Kurzbeschreibung:
Wandeln Sie Skizzen, Tafelbilder etc. auf Papier in digitale Daten um, und legen Sie diese Platz sparend auf dem Computer ab. Entschlacken Sie so Ihr Arbeitszimmer.

Vorbereitung:
Nicht immer liegt die Unterrichtsvorbereitung in digitaler Form vor, beispielsweise, weil sie händisch angefertigte Skizzen enthält. So existiert ein Haufen Papier, der in Ihrem Arbeitszimmer Platz wegnimmt und sich nicht in Ihr digitales Ordnungssystem einfügt. Es gibt aber einfache Mittel und Wege, Ihre Unterlagen auf den Computer zu befördern.
Sie haben die Möglichkeit, diese mit Hilfe eines Scanners einzulesen und im PDF-Format abzuspeichern. Gute Geräte gibt es schon als Multifunktionsgerät in Verbindung mit einem Laserdrucker für unter 100 Euro. Erkundigen Sie sich an Ihrer Schule, was der Kopierer dort alles kann. Viele neue Geräte können über den automatischen Einzug Dokumente einscannen. So sparen Sie sich das Einlegen einzelner Blätter und legen einfach einen Stapel in den Einzug.

Ablauf:

1. Legen Sie das Blatt in den Scanner.
2. Wählen Sie die Auflösung und das Format aus, in der das Blatt eingescannt werden soll. In der Voransicht können Sie genau einstellen, was eingescannt werden soll.
3. Scannen Sie jetzt das Blatt ein.
4. Benennen Sie das Material sinnvoll und legen Sie es in Ihrer Ordnerstruktur ab (vgl. auch Ordnerstrukturen, S. 21ff.).

Achtung: Bei gekauftem Material ist die Erstellung einer digitalen Kopie i.d.R. nicht erlaubt; hier gilt es, die rechtliche Lage zu beachten. Mehr dazu im Impressum der Werke und unter www.schulbuchkopie.de

2. Elektronische Schultasche

Medium: USB-Stick (1 GB, besser 2 GB; lesend über 30 MB, schreibend über 20 MB) oder tragbarer Computer

Kurzbeschreibung:
Gehen Sie auf Nummer sicher, und tragen Sie neben Ihren persönlichen Daten zur Unterrichtsdurchführung und -organisation auch die nötigen Programme auf einen Stick mit sich (Office, Bildbearbeitung, Tonstudio etc.). Auch die Schüler können in einer *elektronischen Schultasche* (auch *digitale Schultasche)* Material und Programme transportieren und mit ihrer Hilfe z.B. Hausaufgaben lösen.

- ✔ Transportieren Sie Ihr Unterrichtsmaterial, und verwalten Sie Noten, Ihren Kalender etc. in Ihrer *elektronischen Schultasche.*
- ✔ Öffnen Sie Musik- und Audiodateien etc. über die auf dem Stick enthaltenen Programme. So haben Sie die Gewissheit, dass diese funktionieren.
- ✔ Geben Sie den Schülern Informationen und Hausaufgaben in der elektronischen Schultasche mit. Auch für gemeinsame Arbeiten und zum Präsentieren haben die Schüler so stets die nötigen Daten dabei.

Sie können statt des Stickes auch einen tragbaren Computer mitnehmen.

Vorbereitung:
Eine elektronische Schultasche können Sie beispielsweise in Ihrem Medienzentrum bekommen, meist zum Selbstkostenpreis. Schaffen Sie sich diese an; die wichtigsten Programme sind darauf bereits enthalten. Befüllen Sie sie mit Ihren eigenen Daten. Unter dem Schlagwort *„Elektronische Schultasche"* finden Sie im Internet schnell zu Ihrem Anbieter.

Ablauf:
1. Erwerben Sie die *elektronische Schultasche.*
2. Befüllen Sie den Stick mit Ihren persönlichen Daten.
3. Nehmen Sie ihn mit in die Schule, und schließen Sie ihn an den Computer an, an dem Sie arbeiten wollen.
4. Speichern Sie Änderungen und neue Dokumente an entsprechender Stelle ab.

Achtung: Digitale Medien können ausfallen, Daten sind u.U. nicht mehr zugänglich. Achten Sie darauf, dass Dateien in regelmäßigen Abständen auf einem weiteren Medium gesichert werden. So kann man z.B. auf einer externen Festplatte eine Sicherungskopie erstellen (siehe hierzu S. 17).

Gefährlich wird es auch, wenn die Geräte nicht ausreichend geschützt sind. Diese müssen mit einem ausreichenden Passwortschutz versehen sein, aber auch Sicherheitssoftware enthalten, damit Hacker nicht über das Internet an die Daten gelangen können (siehe hierzu S. 50).

3. TeacherTool – digitale Unterrichtsvorbereitung

Medium: iPhone, iPod Touch, iPad (*iOS*)

Kurzbeschreibung:
TeacherTool ist ein Programm, das das Verwalten von Schüler- und Klassendaten und Terminen erleichtert. Sie können nicht nur die Noten Ihrer Schüler verwalten, sondern auch die Fehlzeiten. Gleichzeitig können Sie durch den Export der Daten problemlos Listen erstellen und ausdrucken. Außerdem lassen sich Sitzpläne der Schüler mit Fotos einrichten.

Vorbereitung:
Sie benötigen ein Gerät, das unter *Apples iOS* läuft. Danach suchen Sie im *Apples App Store* nach „*TeacherTool*", welches Sie dort in einer kostenlosen Version *(TeacherTool One)* mit Funktionsbeschränkungen testen können. Die reguläre Vollversion, die alle zukünftigen Updates beinhaltet, kann kostenpflichtig erworben werden.
Zunächst laden Sie sich das Programm *TeacherTool* aus dem *App Store*. Die Installation auf Ihrem jeweiligen Gerät erfolgt automatisch. Starten Sie *TeacherTool* über das Icon. Auf www.teachertool.de finden Sie ein ausführliches Handbuch, in dem Sie alle Informationen nachlesen können.

Ablauf:
1. Rufen Sie Ihre Stundenplanung zu Stundenbeginn auf.
2. Auch Termine, die Sie für den jeweiligen Tag, oder Erinnerungen, die Sie für die jeweiligen Stunden eingerichtet haben, erscheinen automatisch.
3. Fehlstunden können festgehalten werden und Noten direkt eingetragen werden. Das Programm errechnet Ihnen automatisch die sich daraus ergebende Note und schlägt sie Ihnen vor.

Achtung: Bitte bedenken Sie, dass ein Programm keinerlei pädagogische Gewichtung kennt. Entscheiden Sie daher nicht ausschließlich auf Grund rein rechnerischer Daten.

4. Daten synchronisieren

Medium: PC, USB-Stick (*Microsoft™ Aktenkoffer*)

Kurzbeschreibung:
Ziel ist es, Daten auf unterschiedlichen Computern zu synchronisieren.
Es ist ärgerlich, wenn man am heimischen Computer sitzt und die Datei aus der Schule braucht oder umgekehrt. Leider ermöglichen es nicht alle Schulen, dass Lehrkräfte eine Synchronisierungssoftware in der Schule aufspielen. (Beispielsweise können, wo möglich, die kostenpflichtige Software *AllSync* oder die kostenlose *Allway Sync* auf einen tragbaren Datenträger [USB-Stick] aufgespielt werden, und die Daten auf dem heimischen und schulischen PC werden bei Nutzung des USB-Sticks synchronisiert. Eine Verbindung mit dem Internet ist damit nicht zwingenderweise nötig.)

Mit dem *Aktenkoffer* und einem USB-Stick lässt sich eine alternative Lösung finden. Mehrere Kopien einzelner Dateien können Sie damit aktuell halten.

Nutzen Sie Daten sowohl zu Hause als auch in der Schule, speichern Sie neue Daten ab, oder kopieren Sie bereits bestehende.

Vorbereitung:
Legen Sie einen neuen Ordner auf Ihrem Computer an. Am besten klicken Sie mit der rechten Maustaste auf Ihren Desktop, wählen *Neu* und die Option *Aktenkoffer*. Sie können diese Option aber auch in dem Ordner wählen, in dem Sie den *Aktenkoffer* abspeichern wollen.
Über Ihren *Arbeitsplatz* können Sie nun bereits vorhandene Dokumente in den *Aktenkoffer* kopieren oder neue Dokumente gleich in diesem *Aktenkoffer* abspeichern.
In einem weiteren Schritt kopieren Sie den *Aktenkoffer* auf einen Wechselmedienträger, wie beispielsweise einen USB-Stick.

Ablauf:
1. Um in der Schule an einer Datei zu arbeiten, schließen Sie den USB-Stick an einen Computer in der Schule an und greifen auf die Dateien zu.
2. Speichern Sie Veränderungen in diesem *Aktenkoffer*.
3. Zu Hause können Sie nun über den USB-Stick Ihre Daten aktualisieren, indem Sie den Ordner auf dem Stick öffnen, dann klicken Sie die rechte Maustaste und wählen *Alles aktualisieren*. Schon wird der Ordner zu Hause überarbeitet und alle Änderungen werden übernommen.

5. Gemeinsam an einem Dokument arbeiten

Medium: PC, Internetzugang *(Windows Live SkyDrive)*

Kurzbeschreibung:
Wenn Kollegen gemeinsam etwas planen, müssen oft auch gemeinsam Dokumente erstellt werden. *Word Live* ermöglicht es, dass alle über das Internet am gleichen Dokument arbeiten können, ohne dass man sich zur selben Zeit am selben Ort befinden muss. Sie können 25 GB Speicherplatz kostenlos nutzen und mit anderen teilen.

Impulse:
- ✔ Schreiben Sie gemeinsam einen Elternbrief.
- ✔ Konzipieren Sie gemeinsam Vergleichsarbeiten oder Unterrichtseinheiten.
- ✔ Stellen Sie Vorlagen etc. schulübergreifend zur Verfügung.

Vorbereitung:
Rufen Sie www.windowslive.de/skydrive/ auf, und registrieren Sie sich dort kostenlos. Mit der Registration wird Ihnen eine *Windows Live ID* erstellt, welche Sie sich für spätere Zugriffe merken müssen. Wenn Sie sich erfolgreich angemeldet haben, kommen Sie unter *SkyDrive* in das Menü, in dem Sie Ordner und Dateien anlegen können. Sie können Ordner im Ordner „öffentlich" anlegen, auf die dann alle Zugriff haben, oder Sie legen gesonderte Ordner an und machen diese durch das Verschicken einer entsprechenden Einladung bestimmten Personen zugänglich.
Man muss nicht unbedingt eine bestehende *Windows Live ID* haben, um eingeladen werden zu können.
Anschließend können Sie Dokumente dort hochladen oder aber aus Windows heraus Dokumente darin ablegen. Dies funktioniert z.B. bei Windows 2010 über die Funktion *Speichern und Senden* und dort unter *Im Web speichern*. Wählen Sie den entsprechenden Ordner, und speichern Sie die Datei ab. Oder öffnen Sie *Skydrive,* und laden Sie die Datei manuell hoch.

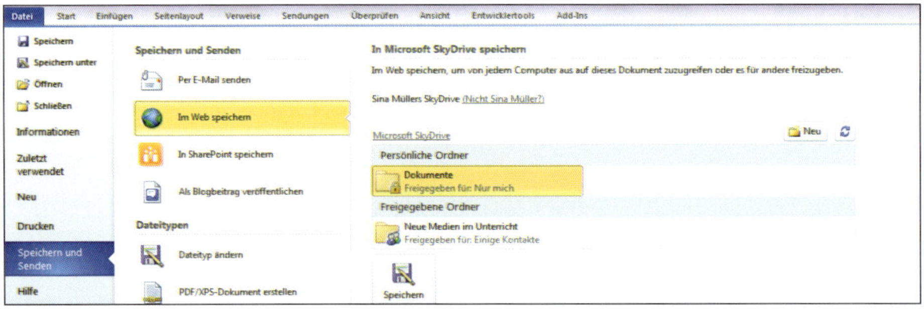

Ablauf:

1. Ein Kollege loggt sich mit der von Ihnen zuvor angegebenen E-Mail-Adresse ein.

2. Der Kollege ruft das Dokument unter *Für Sie freigegebene Dokumente* auf. Achten Sie zuvor darauf, dass Sie bei den Berechtigungen für den Ordner hinter der E-Mail-Adresse Folgendes angeben haben:

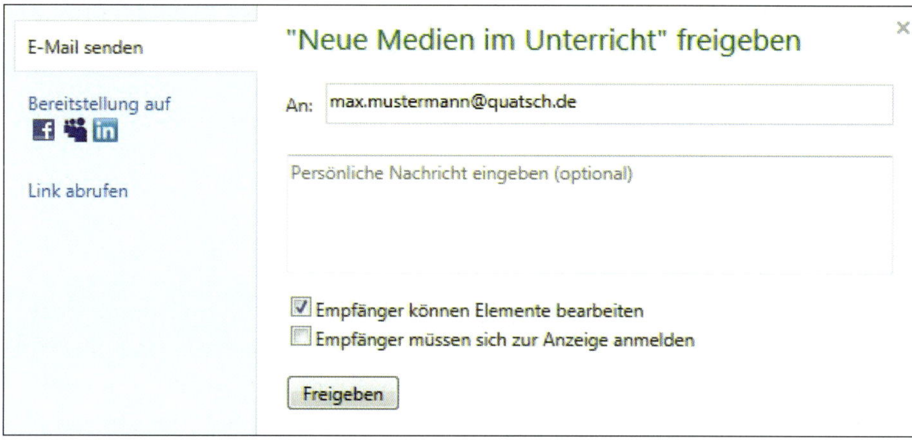

3. Der Kollege kann an dem Dokument weiterarbeiten. Sollte Ihr Kollege kein *Word* auf seinem Computer haben, so kann er live an dem Dokument arbeiten und es wieder abspeichern.

4. Der Kollege speichert das überarbeitete Dokument erneut auf *Windows SkyDrive* ab.

5. Ist die Datei in *SkyDrive* gespeichert, kann man in Echtzeit die Änderungen verfolgen.

6. Sie können Veränderungen einsehen und, wenn gewünscht, erneut daran arbeiten.

Bewerten

6. Einfacher Notenrechner

Medium: PC (*Excel*)

Kurzbeschreibung:
Dieser Notenrechner soll es dem Lehrer ermöglichen, Zeit sparend Noten auszurechnen, ohne dabei zuvor für jede einzelne Note über den Taschenrechner die erreichten Prozentzahlen in Bewertungspunkte umzurechnen.

Vorbereitung:
Der einfache Notenrechner besteht aus zwei Elementen: zum einen aus einer Übersicht über das Notenspektrum, welche die Prozentverhältnisse enthält und darüber die Punktevergabe pro Note errechnet. Zum anderen gibt es den Teil, in dem der Lehrer die erreichbare Gesamtpunktzahl der Klassenarbeit und die erreichte Punktzahl des Schülers eingeben kann.

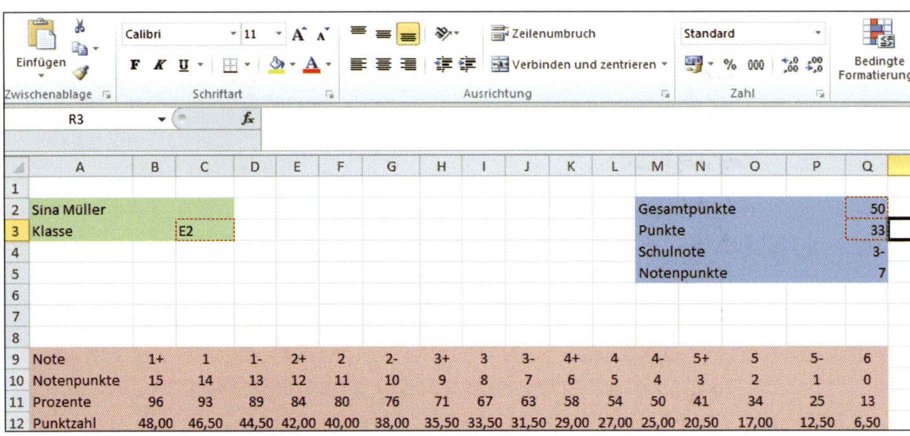

	A	B	C	D	E	F	G	H	I	J	K	L	M	N	O	P	Q
1																	
2	Sina Müller												Gesamtpunkte				50
3	Klasse		E2										Punkte				33
4													Schulnote				3-
5													Notenpunkte				7
6																	
7																	
8																	
9	Note	1+	1	1-	2+	2	2-	3+	3	3-	4+	4	4-	5+	5	5-	6
10	Notenpunkte	15	14	13	12	11	10	9	8	7	6	5	4	3	2	1	0
11	Prozente	96	93	89	84	80	76	71	67	63	58	54	50	41	34	25	13
12	Punktzahl	48,00	46,50	44,50	42,00	40,00	38,00	35,50	33,50	31,50	29,00	27,00	25,00	20,50	17,00	12,50	6,50

Zunächst sollte eine kleine Tabelle mit dem Notenspektrum eingerichtet werden. Dieses benötigt für Grundschule und Mittelstufe ein Notenspektrum vom 1 bis 6, wobei in + und – abgestuft wird. Für die Oberstufe benötigt man das Notenspektrum von 15–0. Die einzelnen Noten müssen manuell in jeweils eine Zelle eingetragen werden. Anschließend werden die Prozente für jede einzelne Note manuell eingetragen. Diese können variieren. Für jede Note wird der minimale Prozentsatz genommen.
Abschließend werden die einzelnen Zellen noch als Prozent formatiert. Da die Punktzahl jeder Note von der Gesamtpunktzahl abhängt, empfiehlt es sich, zunächst die andere Tabelle anzufertigen.

Bei der zweiten Tabelle (im Screenshot oben rechts) kann der Lehrer die zu erreichende Gesamtpunktzahl eintragen sowie die erreichte Punktzahl jeden Schülers. Diese zwei Faktoren variieren natürlich von Klassenarbeit zu Klassenarbeit und sind die einzigen Variablen, die immer wieder neu eingetragen werden müssen. Den Rest macht Excel von alleine. Als Vorbereitung kann man nun schon einmal eine Zelle für die zu errechnende Schulnote bzw. die Notenpunkte bestimmen.

Nun kommt man zurück zur ersten Tabelle und zu der Punktzahl für jede einzelne Note. Diese hängt natürlich von den Prozentverhältnissen und der Gesamtpunktzahl ab. Also muss man diese zwei Zellen miteinander verknüpfen. In die einzelnen Zellen muss man die Gesamtpunktzahl mal die entsprechenden Prozente rechnen. Die Formel hierfür lautet im vorliegenden Screenshot für die 96% entsprechend der Felder, in denen die Gesamtsumme steht, und in denen die Prozentzahl steht, =Q2*B11. Das bedeutet: 96% (Prozente, B11) mal 115 (Gesamtpunktzahl, Q2) = die gesuchte Zahl. Natürlich können die einzelnen Zellen variieren. Klicken Sie daher immer in die entsprechende Zelle, wenn Sie die Formel anlegen, um Fehler zu vermeiden.

Zum Schluss muss man natürlich noch die Berechnung der Noten einrichten. Dazu geht man zurück in die zweite Tabelle in das Feld „Schulnote". Hier benötigt man nun eine Wenn-Dann-Funktion (bei Windows 2007 unter „logisch"). Diese kann bei den im Screenshot eingerichteten Zellen folgendermaßen aussehen: =WENN(Q$3>=B$12;B9;WENN(Q$3>=C$12;C9; [...] WENN(Q$3<P12;Q9;"?")))))))))))))))). (Die Anzahl der Klammern am Ende entspricht der der gemachten Verknüpfungen.)

Sie sagt aus: Wenn der Schüler größer gleich 11,52 Punkte erreicht hat, dann bekommt er eine 1+; Wenn der Schüler größer gleich 11,16 Punkte erreicht hat, dann erhält er eine 1; [...] Wenn der Schüler weniger als 3 Punkte erreicht hat, dann erhält er eine 6; ansonsten soll in dem Kästchen ein ? erscheinen. Dieses Fragezeichen kann ganz hilfreich sein, falls sich doch einmal ein Fehler einschleicht.

Nun sollte der Notenrechner einsatzbereit sein. Am Anfang ist es empfehlenswert, die Zahlen noch mit dem Taschenrechner zu überprüfen. Sollte dann alles stimmen, steht der Nutzung des Notenrechners nichts entgegen.

Ablauf:
Nun können Sie den Notenrechner jeder Zeit aufrufen, die Gesamtzahl der Bewertungspunkte in das entsprechende Feld eingeben und die Notenverteilung in der Tabelle ablesen oder jeweils manuell für jeden Schüler die erreichten Bewertungspunkte eingeben und im Ausgabefeld ablesen.
Die Vorlage ist auch als Download erhältlich!

7. Erweiterter Notenrechner (hier: für die Fremdsprachen)

Medium: PC (*Excel*)

Kurzbeschreibung:
Der erweiterte Notenrechner ermöglicht es, eine Endnote, die sich aus unterschiedlich gewichteten Aufgabenteilen, beispielsweise einem Fehlerquotienten und einer Stilnote, ergibt, ohne viel Rechnerei zu erfassen. Den vollständigen Notenrechner können Sie sich auf der Homepage herunterladen und modifizieren.

Vorbereitung:
Downloaden Sie die Excel-Datei. Für den erweiterten Notenrechner werden eine Klassenliste und gegebenenfalls die Tabelle mit dem entsprechenden Fehlerquotienten benötigt.

Der Notenrechner ist in zwei Tabellenblätter (in Excel auf der unteren Leiste zu erkennen) unterteilt. Auf dem ersten Tabellenblatt wird die Klassenliste mit den Namen der Schüler angelegt. Die Tabellen mit den Fehlerquotienten werden auf einem zweiten Tabellenblatt eingefügt. Hierbei wird jedem Notenpunkt ein Fehlerindex zugeordnet. Wichtig dabei ist, dass der Fehlerindex wiedergibt, ab wann und nicht bis zu welchem Fehlerindex ein Notenpunkt erreicht wird.

	A	B	C	D	E	F	G	H	I	J	K	L	M	N	O
1	Klasse: GK			Inhalt						FQ				Stil	Gesamt
2			Name	Aufgabe 1	Aufgabe 2	Aufgabe 3	Aufgabe 4	Aufgabe 5	Notenpkt.	Wörter	Fehler	FQ	Notenpkt.	Notenpkt.	Notenpkt.
3	1		Lara	13	14	10			12	900	4	0,4	15	11	13
4	2		Denis	9	11	3			7	748	15,5	2,1	12	10	10
5	3		Reim	4	11	8			8	750	11	1,5	13	9	10
6	4		Herbert	5	9	5			6	527	19,5	3,7	8	7	7
7	5		Mait	15	13	12			13	900	8	0,9	15	13	14
8	6		Virte	8	4	10			8	400	14,5	3,6	8	7	8
9	7		Monika	13	12	10			12	689	5,5	0,8	15	13	13
10	8		Andre	11	7	9			9	675	30,5	4,5	6	7	7

Außerdem ist es bei der Klassenliste wichtig, dass in einer Zelle eingetragen werden kann, ob es sich um einen Leistungskurs (LK) oder einen Grundkurs (GK) handelt. In diesem Beispiel kann dies der Lehrer in Zelle C1 eintragen.

Im weiteren Verlauf wird die Klassenliste erweitert. Zunächst soll der Inhalt der einzelnen Aufgaben benotet werden. Hierfür wird auf dem zweiten Tabellenblatt die Gewichtung der einzelnen Aufgaben eingetragen. Es besteht die Möglichkeit, bis zu fünf Teilaufgaben zu gewichten, sollte es weniger Aufgaben geben, wird entsprechend 0% in der Gewichtung eingegeben.

Aufgabe 1	30%
Aufgabe 2	30%
Aufgabe 3	40%
Aufgabe 4	0%
Aufgabe 5	0%
	100%

Grundkurs																
Fehlerindex	0	1	1,4	1,8	2,2	2,6	3	3,4	3,8	4,2	4,6	5	5,4	5,8	6,2	6,6
Notenpunkte	15	14	13	12	11	10	9	8	7	6	5	4	3	2	1	0

Leistungskurs																
Fehlerindex	0	0,8	1,1	1,4	1,7	2	2,4	2,7	3	3,3	3,6	3,9	4,2	4,5	4,8	5,1
Notenpunkte	15	14	13	12	11	10	9	8	7	6	5	4	3	2	1	0

In der Spalte Notenpunkte werden die einzelnen Notenpunkte zu einer Note zusammengefasst, wobei die Gewichtung berücksichtigt wird. Hierzu werden die einzelnen Notenpunkte mit dem Prozentsatz multipliziert und anschließend summiert.

Beispiel für Lara: 15*30%+14*30%+10*40%=12,1

Als Nächstes kann der FQ benotet werden. Hierfür wird die Spalte für die Anzahl der Wörter benötigt, die Spalte für die Anzahl der Fehler und jeweils eine Spalte für den FQ und für die errechnete Note gemäß FQ. Die Anzahl der Wörter und die Anzahl der Fehler werden manuell eingegeben. Der FQ wird im Beispiel folgendermaßen berechnet: Fehler*100/Wörter.

Für die Berechnung der Notenpunkte wird die Tabelle mit den Fehlerquotienten benötigt, welche zuvor im Tabellenblatt 2 angepasst wird. Die Übersicht unterscheidet Grund- und Leistungskurse. Gleichen Sie die dort angegebenen mit Ihren vorgeschriebenen Daten ab. Gehen Sie dabei so vor, dass Sie eingeben, ab wann ein Notenpunkt erreicht wird. Zudem muss dem Notenrechner auf dem ersten Tabellenblatt gesagt werden, ob er die Tabelle für den Leistungskurs (LK) oder die Tabelle für den Grundkurs (GK) zur Berechnung der Note heranzieht. Hierfür wurde bereits eine Zelle (C1) eingefügt.

Wenn nun in der Zelle C1 „GK" steht, sucht der Notenrechner in der Tabelle für den Grundkurs den Fehlerquotienten und die entsprechenden Notenpunkte. Steht in der Zelle C1 „LK", wird die Tabelle für den Leistungskurs herangezogen.

Als Letztes wird der Stil bewertet. Hierzu geben Sie in die entsprechende Spalte die Notenpunkte für den Stil manuell ein.

Die letzte Spalte ist die Gesamtnote. Hierzu werden die Notenpunkte aus Inhalt, FQ und Stil addiert und anschließend durch 3 dividiert. Damit der Notenrechner keine Dezimalzahl als Notenpunkte ausgibt, werden diese gerundet.

Sollte ein Schüler nicht mitgeschrieben haben, so ist die entsprechende Zeile nicht mit 0 Notenpunkten zu versehen, sondern nicht auszufüllen, um eine falsche Darstellung im Notenspiegel zu vermeiden.

Ablauf:
Diesen Notenrechner können Sie jederzeit aufrufen. Um besonders für die Oberstufe Notenpunkte ausrechnen zu lassen, müssen Sie lediglich die Teilpunkte für die einzelnen Aufgabenstellungen eingeben, bestimmen, wie Sie die Teilaufgaben gewichten, und die Notenpunkte für den Stil, die Fehleranzahl und die Wörteranzahl eingeben. Excel berechnet dann sofort die Endnotenpunkte, ohne dass Sie in einem Taschenrechner alles für jeden Schüler separat berechnen müssen. Zudem wird ein Notenspiegel automatisch auf dem ersten Tabellenblatt erstellt. Sie erhalten sofort eine Übersicht über das Klassenergebnis. Alle Formeln sind schreibgeschützt. Ein versehentliches Löschen der Formeln wird somit verhindert.

Hinweis:
Wenn Sie wünschen, die Notentabelle zu erweitern oder für Ihre Zwecke zu modifizieren, können Sie gerne eine ungeschützte Datei auf der downloaden.

Kommunikation

8. Per E-Mail kommunizieren

Medium: PC (*Outlook*)

Kurzbeschreibung:
Die Kommunikation per E-Mail wird immer häufiger genutzt. Sie ist schnell, preiswert und tageszeitenunabhängig. E-Mail-Verkehr kann gezielt gesteuert und mit Rückmeldefunktionen versehen werden. E-Mails kann man aber auch bündeln oder filtern. *Outlook* bietet sich bei der täglichen E-Mail-Abfrage und dem -Schreiben an.

Impulse:

- ✔ Sie können ohne Beachtung der Uhrzeit Nachrichten nach Hause schicken und bei der Informationsvermittlung Kosten und Papier sparen. Sie können auch Abstimmungen durchführen oder Arbeitsblätter für kranke Schüler nach Hause senden.
- ✔ Es wird immer ein paar Eltern geben, die keine E-Mail-Adresse haben. Schicken Sie Nachrichten dann per Rucksackpost, oder vereinbaren Sie mit einem anderen Elternteil aus der Klasse, die Nachrichten in entsprechenden Fällen an die Familie weiterzuleiten.
- ✔ Lassen Sie entweder am ersten Elternabend eine Liste herumgehen, auf der sich jedes Elternteil eintragen kann. Dann müssen Sie diese Adressen am Computer sorgfältig übertragen. Tippfehler bei E-Mail-Adressen sind schnell gemacht, deshalb geben Sie besser den Eltern Ihre E-Mailadresse und bitten sie darum, eine E-Mail mit Betreff „Aufnahme in den E-Mail-verteiler" zu senden. So haben Sie die Adressen schnell zusammen und können sie in die jeweilige Gruppierung schieben.

Vorbereitung:
Outlook ist Teil des *Microsoft™ Office* Pakets. Sie können mehrere bereits bestehende E-Mail-Adressen bzw. -Accounts in *Outlook* bündeln. So können Sie Ihre Schuladresse und Ihre private Adresse mit einem Programm steuern, ohne dass Sie jedes Mal beide E-Mail-Anbieter aufrufen müssen.
Um ein Konto in *Outlook* anzulegen, gehen Sie je nach Version über *Datei* auf das Feld *Konto hinzufügen* oder über *Extras* in die Kontoeinstellungen. Richten Sie ein neues Konto ein. Outlook testet dann die Verbindung.

Sollten Sie mehr als ein Konto haben, können Sie beim Versenden einer E-Mail auswählen, über welches Sie dieses verschicken. Dafür erhalten Sie bei einer neuen E-Mail immer ein Dropdown-Menü, aus dem Sie wählen können, welche Adresse Sie verwenden möchten. Im Folgenden das Vorgehen bei *Outlook 2010*.

Möglichkeiten:

1. *Ordner erstellen:* Wie in allen anderen *Microsoft™*-Programmen, können Sie in *Outlook* Ordner erstellen, um Nachrichten zu sortieren. Klicken Sie dafür mit der rechten Maustaste auf einen der Ordner in der Ordnerliste auf der linken Seite, in dem Sie einen neuen Ordner erstellen möchten, klicken Sie auf *Neuer Ordner,* und geben Sie diesem einen Namen. So können Sie später ganz einfach zwischen privaten und schulischen Angelegenheiten trennen, Klassenordner für den E-Mail-Verkehr anlegen etc.

2. *Regeln erstellen:* Je nachdem, welche E-Mail Sie erhalten, können Sie dieser Regeln zuweisen. Dies ermöglicht Ihnen beispielsweise das automatische Trennen von privaten und schulischen E-Mails. In der Menüleiste finden Sie je nach Version das Kästchen *Regeln* oder auch *Regel erstellen,* klicken Sie darauf und dann ggf. auf *Regeln erstellen.*

   Es öffnet sich ein Fenster, in dem Sie eine Bedingung einfügen können. So können beispielsweise alle E-Mails von Nina Schumacher gefiltert werden. Oder Sie möchten, dass alle E-Mails mit dem Wort „Unterricht" im Betreff gefiltert werden.

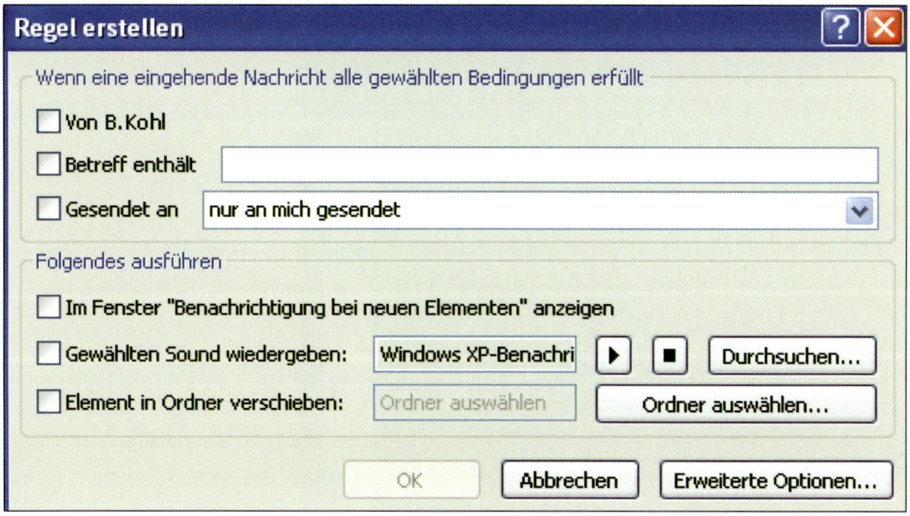

In einem weiteren Schritt bestimmen Sie, was damit gemacht werden soll. So kann man einen bestimmten Sound für gefilterte E-Mails auswählen oder die E-Mail in einen bestimmten Ordner verschieben lassen.

3. *Gruppierungen: Gruppierungen* eignen sich besonders dafür, um beispielsweise Klassen-E-Mail-Listen zu bündeln oder bestimmte Lehrergruppen zusammenzufassen, um später mit nur einem Klick alle Adressaten aufrufen zu können.

   Dafür klicken Sie je nach Version auf *Kontakte* (unter *Wechseln zu* oder direkt auf der linken Seite im Anzeigefeld) (2010) und dann auf *Neue Kontaktgruppe anlegen* (bzw. *Neue Gruppe hinzufügen*) oder unter Datei auf *Neu/Verteilerliste* (2007). Es öffnet sich ein Fenster. Geben Sie der Kontaktgruppe einen Namen, und klicken Sie dann auf *Mitglieder hinzufügen*, um einmalig alle E-Mail-Adressen dort einzugeben. Vergessen Sie nicht, Ihre Änderungen zu speichern. Verschicken Sie nun eine E-Mail und wählen den Adressaten über Ihr Adressbuch aus, wird Ihnen diese Gruppe angezeigt, und Sie können mit einem Klick alle Mitglieder einfügen, ohne jemanden zu vergessen.

4. *Anhänge:* E-Mails eignen sich nicht nur zum Schreiben neuer Nachrichten. Sie können auch bestehende Dateien versenden. Beginnen Sie eine neue E-Mail, und klicken Sie auf das Zeichen mit der Büroklammer – *Datei anfügen*. Sie werden zu Ihrem Arbeitsplatz geleitet. Wählen Sie die zu verschickende Datei aus, und klicken Sie auf *Einfügen*. Die Datei wird automatisch mitversandt. Bedenken Sie, dass Sie ein Dateiformat wählen, dass auch mit anderen Betriebssystemen unproblematisch zu öffnen ist. Am besten eignet sich hier ein *PDF*-Format.

5. *Lesebestätigung:* Nicht immer bekommen wir eine Rückmeldung auf unsere E-Mails. In manchen Fällen ist das aber nötig. In der Schule würden wir die Nachricht von den Eltern unterschreiben lassen. In *Outlook* übernimmt dies die *Lesebestätigung*. Verfassen Sie eine neue E-Mail. In der Menüleiste finden Sie unter Optionen die Möglichkeit einer *Lesebestätigung*. Setzen Sie dafür lediglich einen Haken in das Kästchen.

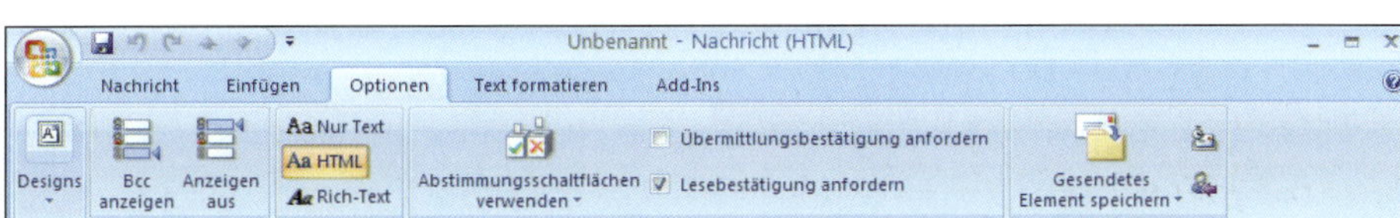

Sie können die E-Mail nun abschicken; der Adressat wird automatisch nach einer Bestätigung gefragt.

6. *Abstimmungen:* Genauso einfach wie *Lesebestätigungen* können Sie *Abstimmungen* einfügen. Verfassen Sie eine E-Mail, und fragen Sie die Eltern beispielsweise nach der Einwilligung zur Anschaffung einer neuen Lektüre. Fügen Sie über die Auswahl *Optionen* eine Ja-Nein-Abstimmung ein. Senden Sie die E-Mail an die Eltern. Diese werden automatisch nach einer Abstimmung gefragt und informiert, wie sie vorgehen müssen, um zu antworten.

7. *Übermittlung verzögern:* Sie können mit *Outlook* auch E-Mails vorbereiten und den Tag und die Uhrzeit des Versendens angeben. So können Sie Arbeiten erledigen, ohne an dem entsprechenden Tag noch einmal daran denken zu müssen. Lediglich *Outlook* muss zu der Sendezeit gestartet sein.

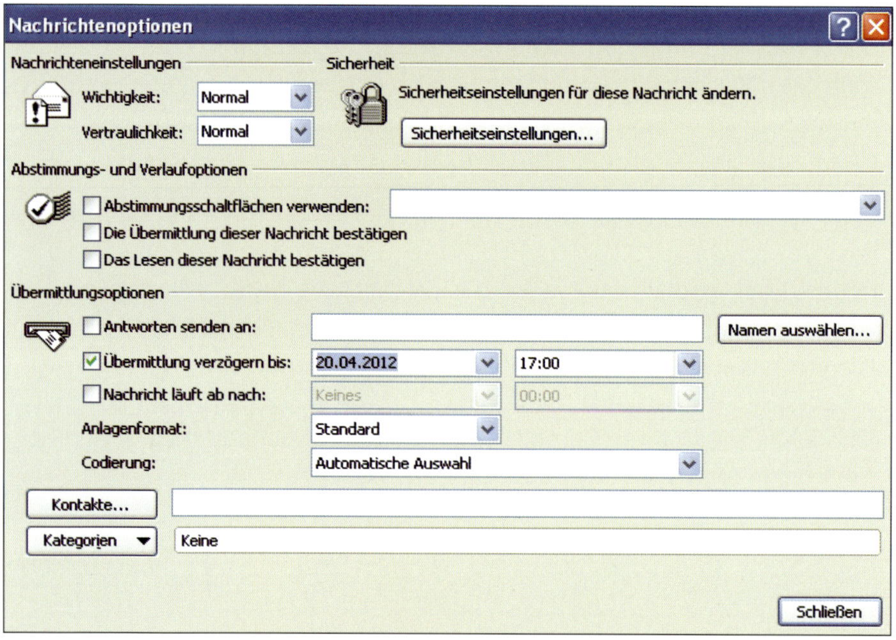

Sie finden diese Möglichkeit ebenfalls unter *Optionen*, dort ggf. unter *Verlauf* und dann unter *Übermittlung verzögern*. Je nach Version öffnet sich ein neues Fenster, und unter der Rubrik *Übermittlungsoptionen* können Sie ein Datum und eine Uhrzeit angeben, oder Sie müssen das nur noch anklicken, und die Datumsfelder werden freigeschaltet. Schließen Sie das Fenster, und versenden Sie die E-Mail. Ihre E-Mail wird automatisch im Ordner *Vorlagen* bzw. *Postausgang* gespeichert und erst am entsprechenden Zeitpunkt gesendet.

Tipps für die gute E-Mail-Kommunikation:

- ✔ *kontrollieren Sie Ihre E-Mails täglich*
- ✔ *antworten Sie auf E-Mails zügig, beantworten Sie die gestellten Fragen*
- ✔ *tragen Sie immer einen Betreff ein*
- ✔ *vergessen Sie nicht eine angemessene Anrede und Abschlussformel*
- ✔ *schreiben Sie niemals eine E-Mail, wenn Sie verärgert sind*
- ✔ *lesen Sie Ihre E-Mail immer noch einmal gegen, bevor Sie sie absenden, und denken Sie daran, wie Geschriebenes im Gegensatz zu gesprochenem Wort aufgenommen wird*

9. Terminfindung einfach gemacht

Medium: PC, Internetzugang (*Doodle®*)

Kurzbeschreibung:
Doodle® hilft dabei, schnell den bestmöglichen Termin mit Kollegen, für Elternabende, Klassenfeste und -konferenzen, Kollegenstammtische etc. zu finden, ohne dass man allen Teilnehmern ständig hinterherlaufen muss. Sie müssen sich nicht mal zwangsläufig registrieren, wenn Sie die Umfrage aus Ihrem E-Mail-Account und nicht von der *Doodle®*-Seite verschicken.

Vorbereitung:
ggf. registrieren (freiwillig) oder keine

Ablauf:

1. Gehen Sie auf www.doodle.com. Die Seite ist auf Deutsch und einfach zu bedienen. Um einen Termin abzustimmen, gehen Sie auf *Einen Termin finden.*

2. Nun geben Sie einen Titel, eine Örtlichkeit und eine Beschreibung an. Daraufhin fragt Sie *Doodle®*, welche Termine Sie zur Wahl stellen möchten. Im Anschluss fragt *Doodle®* auch noch die genaue Uhrzeit für die Termine ab. Haben Sie das eingegeben, fragt *Doodle®* Sie nach dem Umfrage-Typ. Die einfache Umfrage erlaubt es den Teilnehmern, mit Ja oder Nein zu stimmen. Unter den erweiterten Umfragen finden Sie auch die Möglichkeiten mit Ja-Nein-Wennesseinmuss zu antworten, die Abstimmung geheim zu halten oder die Anzahl der Wahloptionen zu begrenzen.

3. Im nächsten Schritt können Sie entweder die E-Mail-Adressen der Teilnehmer eingeben und die Umfrage von *Doodle®* aus verschicken oder (z.B. falls Sie sich nicht registrieren wollen) die Adresse der Umfrage kopieren und diese über Ihr gewohntes E-Mail-Konto an alle Teilnehmer versenden.

4. Die Teilnehmer erhalten von Ihnen per E-Mail die Einladung, an der Abstimmung teilzunehmen. Für die Abstimmung selbst brauchen die Teilnehmer kein *Doodle®*-Konto. Jeder gibt an, an welchem Tag er am besten kann. Sie erhalten sofort eine Übersicht darüber, welcher Termin sich am besten eignet. Wenn alle etwas angegeben haben, können Sie das finale Datum an alle Teilnehmer mailen.

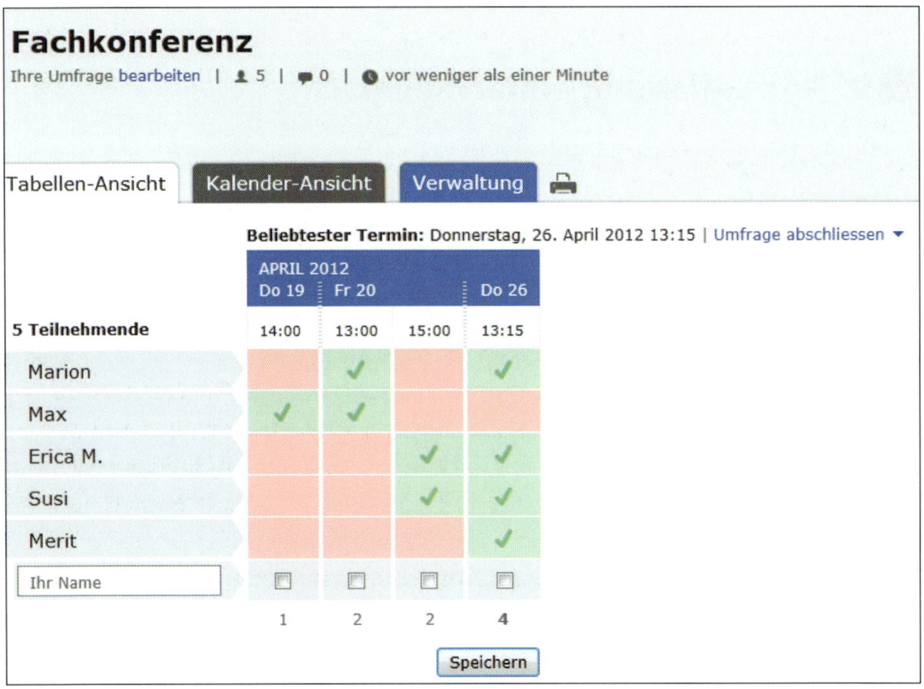

10. Schüler- und Elterngespräche vorbereiten mit Bildern

Medium: Digitalkamera, PC

Kurzbeschreibung:
Schüler- und Elterngespräche gehören zu Ihrem alltäglichen Geschäft mit dazu. Manchmal sind sie sehr emotional, von Schuldzuweisungen und Abstreiten geprägt: „Mein Sohn schreibt zu Hause immer ordentlich", „Das Zimmer meiner Tochter ist immer sauber und aufgeräumt". Gerade wenn es um Beurteilungen von Leistungen, Arbeitsweisen und Verhalten geht, wird es schnell emotional. Schüler blocken ab, und Eltern fühlen sich angegriffen. Verleihen Sie Ihrer Argumentation objektive Argumente, indem Sie sie durch Bilder untermauern. Bilder können einen Abstand schaffen, der es Ihren Schülern erleichtert, über Probleme zu sprechen, oft mehr, als es ein direktes Streitgespräch im Unterricht vermag.

Impulse:

- ✔ *Heftführung:* Sind Sie und die Kollegen mit der Heftführung nicht zufrieden? Oft liegen die Hefte bei Gesprächen nicht vor, oder man fängt dann erst an, zu suchen. Machen Sie im Unterricht schnell ein Foto von den betroffenen Seiten. Sammeln Sie diese. Dann haben Sie umfangreich dokumentiert, was verbessert werden könnte, und können mit Schülern und Eltern konkrete Ansätze erarbeiten.
- ✔ *Arbeitsplatz:* Kennen Sie Schüler, die es schaffen, ihren Tisch innerhalb von Sekunden in ein unübersichtliches Zettelchaos zu verwandeln und das Blatt, das Sie ihnen gerade in die Hand gedrückt haben, im Papiernirvana verschwinden zu lassen? Fotografieren Sie über einen kurzen Zeitraum diese Arbeitsplatzsituation, und vereinbaren Sie einen Gesprächstermin, auch ohne die Eltern. Betrachten Sie gemeinsam die Bilder, und überlegen Sie zusammen, wie ein guter Arbeitsplatz aussehen und wie der Schüler dies umsetzen kann.

Vorbereitung:
Dokumentieren Sie die kritischen Punkte mit der (Digital)Kamera, und nehmen Sie Abzüge/Ausdrucke mit ins Gespräch.

Ablauf:

1. Eröffnen Sie das Gespräch.
2. Stützen Sie Ihre Aussagen durch das Bildmaterial.
3. Überlegen Sie gemeinsam, was nächste Schritte zur Verbesserung oder Lösung des Problems sein könnten.

11. Namen lernen leicht gemacht

Medium: Digitalkamera

Kurzbeschreibung:
Gehören Sie auch zu denjenigen, die sich Namen schlecht merken können oder in einem Schuljahr mehr als 200 Schüler unterrichten? Ihre Digitalkamera kann Ihnen dabei helfen, sich diese besser und schneller zu merken.

Impulse:
✔ Erstellen Sie sich eine Foto-Namenskartei.
✔ Erstellen Sie einen Foto-Sitzplan.

Vorbereitung:
Besprechen Sie mit Ihren Schülern, warum Sie sie fotografieren möchten. Informieren Sie ggf. auch die Eltern über Ihre Absichten, und erklären Sie, dass die Bilder nur schulischen Zwecken dienen und nicht veröffentlicht werden. Es gibt einige Schüler, die nur ungern fotografiert werden. Machen Sie Fotos daher am besten in Gruppen oder bei einem Sitzplan mit dem Sitznachbarn zusammen.

Ablauf:
1. Lassen Sie Ihre neuen Schüler sich in Gruppen aufteilen (zwei bis drei pro Gruppe).
2. Machen Sie die Fotos.
3. Drucken Sie die Fotos am Computer aus. Diese können ruhig schwarz-weiß und auf normalem Papier ausgedruckt werden.
4. Bringen Sie die Bilder in die nächste Stunde mit, und lassen Sie die Schüler ihre Namen unter die Bilder schreiben.
5. Fertig ist Ihre Namenskartei.

Speichern

12. An einem einzigen Platz geräteunabhängig speichern

Medium: Internetfähige Geräte (*Dropbox*)

Kurzbeschreibung:
Mit der *Dropbox* hat man einen Speicherplatz im Internet, auf den man von allen internetfähigen Geräten zugreifen kann. Somit hat man alle Daten sowohl zu Hause als auch in der Schule als auch auf der nächsten Fortbildung oder im Urlaub (sollte man sie wirklich benötigen).

Impulse:
- ✔ *Arbeitsblätter:* Auf zu Hause bzw. in der Schule erstellte Arbeitsblätter können Sie so problemlos auch am jeweils anderen Ort zugreifen.
- ✔ *Protokolle/Fortbildungsmaterialien:* Auf Fortbildungen oder Konferenzen außer Haus kann es vorkommen, dass man Unterlagen braucht, die man eigentlich auf dem heimischen Computer gespeichert hat. Über ein mobiles Gerät mit Internetzugang kann man während der Konferenz auf die Unterlagen zugreifen, ohne sie zuvor ausdrucken zu müssen.

Vorbereitung:
Zunächst müssen Sie das Programm kostenfrei herunterladen. Unter www.dropbox.com finden Sie den Link für den Download. Folgen Sie den Anweisungen. Sie werden nach Ihrem Namen und Ihrer E-Mail-Adresse gefragt. Eine *Dropbox* mit 2 GB Speicherplatz ist kostenlos, für weiteren Speicherplatz ist eine monatliche Zahlung erforderlich. Auf Ihrem heimischen Rechner in Ihrem Arbeitsplatz wird nun ein Symbol angelegt. Hier können Sie alles speichern, was Sie in Ihrer *Dropbox* ablegen möchten. Sie finden hier aber auch eine ausführliche Anleitung, in der Sie alles nachlesen können.

Ablauf:
1. Wenn Sie nun eine Datei, ein Foto oder Musik zentral ablegen möchten, öffnen Sie dazu *Dropbox* und speichern es in diesem Verzeichnis.
2. Sollten Sie nicht zu Hause sein oder per Handy auf die Dateien zugreifen wollen, öffnen Sie Ihre *Dropbox* über die Internetseite www.dropbox.com und greifen auf Ihre Dateien zu.
3. Das Speichern von Daten von einem anderen als dem heimischen Gerät ist auf diese Art und Weise auch möglich.

Fortbildungen

13. E-Learning in der Lehrerfortbildung

Medium: Internet, ggf. Webcam, Scanner, Fotoapparat, Headset

Kurzbeschreibung:
Um die Entwicklungen rund um das Unterrichten umsetzen zu können, sind viele Fortbildungen nötig. Doch nicht immer ist es möglich, zur entsprechenden Zeit an den Fortbildungsort zu reisen. Online-Fortbildungen ermöglichen es dem Lehrer, unabhängig von Raum und Zeit sein Wissen mit Gleichgesinnten zu erweitern.

Das Amt für Lehrerbildung in Frankfurt bietet beispielsweise die Qualifizierungsmaßnahme für das Fach Ethik als Online-Kurs an. Die Kurse erstrecken sich über zwei Jahre, und von den zwölf Modulen müssen acht für das erfolgreiche Bestehen des Kurses ordnungsgemäß bearbeitet werden. Diskussionen in Foren oder die Teilnahme an einer Livekonferenz können eingefordert werden.

Vorbereitung:
Erkundigen Sie sich zunächst, ob es eine Online-Fortbildung für Ihre Bedürfnisse gibt. Der deutsche Bildungsserver weist unter www.bildungsserver.de/Schule-136.html eine ausführliche Liste mit E-Learning-Angeboten, bundes- und landesweit, auf. Sie können sich auch über Ihr Amt für Lehrerbildung bzw. Ihr Landesinstitut erkundigen.
Danach müssen Sie sich für einen Online-Kurs anmelden. Sie erhalten einen Zugangsnamen und ein Passwort. In der Ausschreibung wird ebenfalls angegeben, welche technischen Voraussetzungen (Software oder Hardware) Sie benötigen. Scheuen Sie sich aber nicht, wenn Sie eines der Geräte nicht besitzen, den Kursleiter anzuschreiben und nachzufragen, ob eine Teilnahme ohne ein bestimmtes Gerät auch möglich sei. In den meisten Fällen führt dies lediglich dazu, dass Sie bestimmte Übungen selbst nicht aktiv mitgestalten können, von den Ergebnissen Ihrer Kollegen können Sie in vielen Situationen dennoch profitieren. Online-Fortbildungen können auf unterschiedlichen elektronischen *Lernplattformen* stattfinden.

Ablauf:

1. Am Anfang bedarf es immer der Neugier, das Portal zu erkunden und sich mit den Aufgabenanforderungen vertraut zu machen.

2. Arbeiten Sie zu einer für Sie passenden Zeit an Ihren Aufgaben. Die Fortbildungen können sich über einen Tag bis hin zu mehreren Jahren erstrecken. Nehmen Sie in der vorgegeben Zeit an den erforderlichen Aktivitäten teil. In der Regel gibt es verschiedene Lernformen, wie z.B. Foren, elektronische Abfragen oder, sehr häufig, das Einreichen von zuvor erarbeiteten Aufgaben. Im Informationsschreiben zum Kurs sollte genau beschrieben sein, wie viele Aufgaben bis wann zu erledigen sind. In diesem Zeitfenster kann man sich seine Zeit dann selbstständig einteilen.

3. Bei Fragen oder Problemen kontaktieren Sie die Kursleitung, oder posten Sie eine Nachricht im Chatforum.

4. Das erfolgreiche Abschließen einer elektronischen Fortbildung ergibt sich in der Regel aus der Summe der Aufgaben, die Sie bearbeitet haben.

2 Rechtliches

Rechte kennen und einhalten

14. Bilder, Musik und Filme finden, deren Nutzungsrechte frei sind

Medium: Bild- und Audiodateien

Kurzbeschreibung:
Man kann nicht einfach alle Bild-, Audio- und Filmdateien verwenden, die man so im Netz findet. Grundsätzlich dürfen urheberrechtlich geschützte Werke ohne Genehmigung des Urhebers nicht veröffentlicht oder vervielfältigt werden, wenn keine urheberrechtlich festgehaltene Ausnahme vorliegt. Aber mit ein paar Kniffs kommt man schnell an Daten, die man völlig legal im Unterricht verwenden und auf seiner Festplatte speichern darf.

Impulse:

- ✔ *Bilder:* Bilder machen jeden Unterricht anschaulicher. Sie können zur Sprachproduktion animieren oder Unaussprechbares thematisieren, zur Aktivierung des Vorwissens führen etc. Gerade mit Hilfe eines Beamers bzw. interaktiven Whiteboards lassen sich Bilder heutzutage gut großformatig und in Farbe in die Klassenzimmer bringen.
- ✔ *Musik:* Politische Reden können ins Klassenzimmer gebracht, Gedichte angehört und Stimmungsbilder über die Musik erforscht werden.
- ✔ *Videos:* Videos können unkompliziert einen Handlungsverlauf darstellen. Biologische Prozesse oder bauliche Veränderungen, Passantenbefragungen oder Dokumentationen können Unterricht verständlich und lebendig machen.

Rechtlicher Hintergrund:
Das Urheberrecht besagt, dass es uns nicht gestattet ist, Materialien ohne vorherige Erlaubnis des Urhebers zu nutzen. Eine der Ausnahmen bilden Materialien, die mit einer *Creative-Commons(CC)*-Lizenz versehen sind. Diese können Sie im Unterricht oder auf elektronischen Lernplattformen nutzen. Mehr Informationen zum Thema Urheberrecht in der Schule finden Sie z.B. hier: http://lehrerfortbildung-bw.de/sueb/recht/urh/

CC

Vorgehensweise:
Google bietet mittlerweile die Möglichkeit, Bilder zu filtern. Rufen Sie *Google* auf. Gehen Sie auf *Bilder,* und geben Sie Ihren Suchbegriff ein. Gehen Sie

oben rechts auf Optionen. Hier können Sie auch die *Nutzungsrechte* bestimmen. Lassen Sie hier die Bilder, nach denen Sie suchen, filtern. Klicken Sie *nur zur Wiederverwendung gekennzeichnete Bilder* an. Automatisch werden nur Bilder angezeigt, die auch für die Wiederverwendung nutzbar sind. Die Nennung des Autors bleibt unverzichtbar. *Picassa* und *Flickr* bieten ebenfalls einige *Creative-Commons*-Materialien an, die Sie filtern lassen können.

Wenn Sie ein Video auf *YouTube*™ suchen, wird Ihnen mittlerweile auch angezeigt, welcher Lizenz das Video unterliegt. *YouTube*™ erlaubt die Lizenzen von Creative Commons und zeigt diese auch an. Suchen Sie nach einem Video, wird bereits in der Suchergebnisliste ein kleines, hellblaues Symbol mit CC angezeigt. Wenn Sie den Film bereits angeklickt haben, können Sie sich die Lizenzrechte anschauen, indem Sie unterhalb des Videos auf *mehr anzeigen* klicken. Die letzte angezeigte Information gibt Auskunft über die Lizenz. Sie können auch *Creative Commons* gleich mit als Suchbegriff eingeben. Denn laut AGB erlaubt *YouTube*™ ansonsten nur das Abspielen per Livestream.

Eine große Anzahl freier Musikdateien finden Sie unter *Jamendo.de*. Alle Musik, die Sie hier anhören können, ist kostenfrei und kann in der Schule genutzt werden. Die Musik wurde überwiegend von unbekannten Künstlern produziert, eignet sich aber mit Sicherheit genauso gut für die Gestaltung audio-visueller Materialien im Unterricht, ist gleichzeitig noch weiter weg vom Mainstream und regt daher auch zur eigenen Kreativität an.

Die Medienzentren der jeweiligen Landkreise bieten ebenfalls eine Fülle von Materialien an. Mittlerweile werden immer mehr Bilder, Audiodateien und Filme auch online zur Verfügung gestellt oder können weiterhin über die Ausleihe bestellt werden. Die Medienzentren haben alle Rechte erworben, um Medien in der Schule nutzen zu dürfen. Lassen Sie sich bei Ihrem Medienzentrum registrieren, und schauen Sie öfters mal rein. Sie werden überrascht sein, wie viel Ihnen zur Verfügung steht, ohne dass Sie sich beispielsweise gleich jeden Film selbst anschaffen müssen, um ihn im Unterricht zu zeigen.

Die Medienzentren beraten Sie zudem auch gerne über Ihre Medienrechte.

15. Daten verwalten und angemessen schützen

Medium: alle digitale Medien

Kurzbeschreibung:
Immer mehr Schülerdaten werden elektronisch gespeichert, auf dem Laptop, dem USB-Stick oder im Internet. Sie müssen diese Daten angemessen schützen, damit sie nicht in falsche Hände geraten.

Rechtlicher Hintergrund:
Datenschutz ist ein wichtiger Aspekt in unserer Gesellschaft, und auch Schule ist davon betroffen. Die einzelnen Länder haben diesbezüglich eine Reihe an Gesetzen und Informationen verfasst. In erster Linie finden Sie die für Sie wichtigen Vorschriften zum allgemeinen Datenschutz im Datenschutzgesetz des jeweiligen Bundeslandes, im Bundesdatenschutzgesetz sowie im deutschen Grundgesetz. Ihr Datenschutzbeauftragter an Ihrer Schule oder der für Ihre Schule zuständige kann Ihnen außerdem mit Rat und Tat zur Seite stehen.
Generell gilt, dass, wenn Sie personenbezogene Daten auf einem Gerät außerhalb der Schule nutzen wollen, Sie dieses Gerät bei der Schulleitung anzeigen müssen. Personenbezogene Daten sollten immer auf nur einem externen Gerät gespeichert werden, welches extra für diese Zwecke angelegt wurde. Dieses Gerät (USB-Stick, externe Festplatte) sollte passwortgeschützt sein. Elektronische Daten, die nicht mehr genutzt werden, sollten nach Zuführung in die Schulakte wieder gelöscht werden. Mehr Informationen finden Sie auch hier: www.datenschutzzentrum.de

Vorbereitung und Ablauf:
Für Ihren heimischen Computer ist es wichtig, dass dieser über einen Virenschutz, eine Firewall (verhindert einen heimlichen Zugriff auf den eigenen PC), Anti-Spy-Tools (Programme zum Auffinden von Schadprogrammen) und Verschlüsselungsmechanismen verfügt. Die Informationen des Bundesamtes für die Sicherheit in der Informationstechnik (www.bsi.de) gelten als Maßstab für die Sicherheit neuer Medien im öffentlichen Bereich. Dort finden Sie eine Vielzahl an Anleitungen, wie Sie die entsprechenden Programme auf Ihrem Computer installieren oder nutzen. Außerdem finden Sie dort auch viele kostenlose Programme, wie z.B. die Software *TrueCrypt* (siehe auch S. 53). Die Seite inklusive der Anleitungen sind vollständig auf Deutsch geschrieben und ermöglichen Ihnen somit einen verständlichen und einfachen Umgang mit dem Thema Datenschutz. Sie können außerdem den kostenlosen Newsletter abonnieren und bleiben so immer auf dem neuesten

Kenntnisstand. Schauen Sie besonders unter www.bsi-fuer-buerger.de und dort im Downloadbereich nach.

Laptop sichern: Beherzigen Sie zunächst die allgemeinen, zuvor aufgeführten Maßnahmen.
Moderne Geräte erlauben es dem Nutzer, die Festplatte zu schützen. Sie können sich ein Passwort einrichten, welches die Festplatte schützt und auch noch nach dem Aus- und Einbau in ein anderes Gerät aktiv ist. Dafür müssen Sie in die BIOS-Einstellungen Ihres Computers gehen. Um in das BIOS zu gelangen, schalten Sie Ihren Computer an. Noch bevor dieser hochfährt, erscheint eine meist schwarze Seite mit einem Hinweis für ein Setup, Menü oder BIOS und einer Tastenangabe. Drücken Sie diese Taste, bevor *Microsoft®* oder *Mac™ OS* startet. Sie kommen in ein Menü, in dem Sie auch ein Passwort hinterlegen können. Dieses Menü unterscheidet sich von Computer zu Computer. Wählen Sie ein nur Ihnen bekanntes Passwort, und speichern Sie die veränderten Einstellungen ab.

Achtung: Ein BIOS-Passwort kennen nur Sie. Es kann vorkommen, dass auch der technische Support es nicht entschlüsseln kann. Merken Sie sich daher dieses Passwort sehr gut.

USB-Sticks sichern: So ein USB-Stick bleibt nach der Nutzung gern mal in einem Computer stecken und wird vom nächsten Computernutzer gefunden, oder er bleibt irgendwo liegen. Ein erster nützlicher Hinweis ist es, USB-Sticks mit einem Namen zu versehen, um ehrlichen Findern die Rückgabe zu ermöglichen.
In einem zweiten Schritt sollten Sie auf jeden Fall den USB-Stick mit einem Passwort versehen. Sie können bereits USB-Sticks kaufen, auf denen eine Passworteingabe vorinstalliert ist, oder sich ein kostenloses Programm, wie *TrueCrypt portable,* aus dem Internet herunterladen und auf Ihrem USB-Stick installieren. Somit werden Sie in Zukunft immer aufgefordert, ein Passwort einzugeben, bevor Sie auf die gespeicherten Daten zurückgreifen können. Besuchen Sie die Seite des BSI (www.bsi.de). Dort finden Sie im Downloadbereich eine umfangreiche Bedienungsanleitung in deutscher Sprache sowie das kostenlose Programm selbst.

3

Unterricht vorbereiten, durchführen und nachbereiten

Unterricht planen und vorbereiten

16. Im Internet suchen

Medium: PC, Internetzugang (Suchmaschine *Google*)

Kurzbeschreibung:
Google ist ein weitverbreitetes Suchinstrument, doch braucht es auch hier ein wenig Übung, um schnell und gezielt an die gewünschten Inhalte im Internet zu kommen.

Impulse:

- ✔ *Bildersuche:* Für eine ausführliche Beschreibung unter Berücksichtigung der urheberrechtlichen Richtlinien lesen Sie bitte auf Seite 50 nach.
- ✔ *Ganztextsuche:* Sie können überprüfen, ob ein bestimmter Text im Internet bereitsteht. Das hilft Ihnen zum einen dann, wenn Sie beispielsweise eine rechtefreie Ganzschrift an Ihre Schüler weiterleiten möchten, z.B. Thomas Moores „Utopia". Geben Sie dafür entweder den ersten Satz aus „Utopia" in Anführungszeichen in das Suchfeld ein, oder tippen Sie Autor und Titel ein. Erstere Variante wird Sie schneller ans Ziel bringen, da nur Seiten mit genau dieser Wortreihenfolge angezeigt werden. Das *Projekt Gutenberg* (http://gutenberg.spiegel.de/) hat bereits einige frei verfügbare Werke aufgearbeitet, die man elektronisch abrufen kann. Bedenken Sie bei anderen Seiten bitte immer die Urheberrechte, die auf diesen Werken ruhen (siehe hierzu Seite 50).
  Die Methode kann auch helfen, herauszufinden, ob Schüler eine Internetseite lediglich in eine Hausarbeit kopiert haben. Haben Sie den Verdacht, dass ein bestimmter Satz nicht von einem Ihrer Schüler produziert wurde, so können Sie den schülergeschriebenen Satz in Anführungszeichen in die Suchmaschine tippen. Sollte im Suchergebnis eine Seite mit exakt dem gleichen Sprachlaut erscheinen, können Sie in der Regel davon ausgehen, dass der Schüler abgeschrieben hat. Kontrollieren Sie zudem noch ein paar weitere Sätze, um ganz sicher zu sein.
- ✔ *Wortschöpfungen:* Manchmal benutzen Schüler Redewendungen oder Wörter, die uns nicht bekannt sind und wir auch nicht im Wörterbuch finden können. Neue Wörter entstehen jedoch schnell, und nicht immer kann ein gedruckter Duden auf dem neuesten Stand sein oder alle Redewendungen beinhalten. Sollte ein Schüler beispielsweise im Englischunterricht eine neue Redewendung genutzt haben, tippen Sie diese eben-

falls in Anführungszeichen in das Suchfeld, und geben Sie danach den Sprachraum, der dieser Redewendung zugeordnet ist, ein. Beispielsweise tauchte in einem englischen Schülertext das Wort „Innit" auf. Zum Überprüfen wurde es dann in Anführungszeichen bei Google angegeben, danach wurde der Sprachraum angegeben: uk steht für Großbritannien, de für Deutschland, fr für Frankreich. Die Endungen richten sich nach den Länderdomains. In unserem Beispiel tippen Sie *„innit" Site:uk* in die Suchzeile ein. Nun bekämen Sie im Frühjahr 2012 ein Suchergebnis von 6.400.000, welches bereits eine große Trefferzahl ist. Überfliegen Sie dann die angegebenen Seiten, und entscheiden Sie selbst, für wie referenzfähig Sie diese halten. BBC wird eine verlässliche Sprachquelle sein, und somit sollten Sie „innit" zumindest in der gesprochenen Sprache auch zulassen. Geben Sie immer die Sprachdomain mit an, damit verhindert wird, dass es sich beispielsweise um ein eingedeutschtes Wort handelt.

Vorbereitung:
Machen Sie sich klar, wonach genau Sie suchen. Möchten Sie Informationen zu einem bestimmten Thema finden, brauchen Sie Ideen für den Unterricht, suchen Sie ein Bild, oder möchten Sie überprüfen, ob ein Schüler aus dem Internet etwas kopiert hat?

Durchführung:

1. Rufen Sie die Seite www.google.de auf.

2. Wählen Sie in der Navigationsleiste, ob Sie nach Bildern, Videos oder Landkarten oder aber alle Kategorien durchsuchen möchten. Je gezielter die Sucheinstellungen, desto schneller finden Sie das gewünschte Material.

3. Geben Sie Ihre Suchanfrage in die Suchzeile ein. Halten Sie Ihre Suchanfrage dabei möglichst kurz und prägnant. Wörter wie „und" oder Sonderzeichen werden von Google meist ignoriert. Eine Suchanfrage wie „Wann lebte Mozart in Österreich?" können Sie ohne Verschlechterung des Suchergebnisses auf „Mozart Österreich" reduzieren und dann nach den entsprechenden Seiten sortieren.

4. Google wird Ihnen nun eine Liste mit relevanten Internetseiten anzeigen. Die Ergebnisse sind nach ihrer Relevanz sortiert. In Blau wird der Name der Internetseite angegeben, darunter ein kurzer Auszug, damit Sie bereits anlesen können, ob die Seite für Sie relevant ist.

17. Interaktive Übungen selbst erstellen mit Autorenprogramm

Medium: PC, Internetzugang (*MasterTool*)

Kurzbeschreibung:
Mit dem Programm *MasterTool* von *Co.Tech* können Sie Unterrichtseinheiten für das interaktive Whiteboard oder den Computer generieren und Ihren Schülern zur Verfügung stellen. Es ist boardunabhängig und fächerübergreifend einsetzbar. Einige Medienzentren vertreiben es, informieren Sie sich dort.

Impulse:
- ✔ *Vokabeleinführung:* Mit Hilfe von Bildern lassen sich einfach Wort-Bild-Verknüpfungen erstellen, die dabei helfen, neue Vokabeln zu erlernen oder bereits bekannte zu überprüfen.
- ✔ *Versuchsvorgänge:* In den naturwissenschaftlichen Fächern können Experimente zunächst grafisch erläutert werden, ehe die Schüler die Fachbegriffe kennenlernen und mit dem Experiment beginnen.
- ✔ *Schaubilder:* In Geschichte oder Politik und Wirtschaft können Schaubilder mit und ohne entsprechende Bezeichnungen den Schülern vorgeführt werden. Besprechen Sie das Bild und entfernen Sie die Bezeichnungen im Anschluss, so können die Schüler direkt überprüfen, wie viel sie behalten konnten.

Vorbereitung:
Um eigene Übungen zu erstellen, brauchen Sie das Autorensystem von *MasterTool.* Die kostenlose Basisvariante, die es auf der Homepage gibt, berechtigt nicht zum Erstellen eigener Inhalte. *MasterTool* bietet eine Vielzahl an Funktionen, die in diesem Rahmen nicht alle erklärt werden können. Auf der Homepage können Sie jedoch viele Demos finden, die Ihnen anschaulich einen Einblick geben. Auch auf *YouTube™* sind leicht verständliche Erklärungen mit Abbildungen zu finden.
Hier soll lediglich auf die vier Grundfunktionen *Zuordnung, Lückentext, Einzelfragen* und *Multiple-Choice-Fragen* eingegangen werden.
Wenn Sie das Programm öffnen und sich in der Autorenfunktion befinden, können Sie zwischen verschiedenen Dokumenttypen wählen.

Das Dokument *Text-Bild-/Bild-Text-Zuordnung* ermöglicht es Ihnen, ein Hintergrundbild zu wählen und dieses zu beschriften.

Der *Lückentext* generiert automatisch eine Lücke, die Sie in einem Text erstellen möchten. Dafür kopieren Sie Ihren gewünschten Text in das sich öffnende Fenster, markieren das Wort, welches später als Lücke erscheinen soll, und klicken dann auf *Lücke << ... >> ersetzen*. In Ihrer Übung wird das Wort dann als Lücke erscheinen.

Die Funktion *Einzelfragen* ermöglicht es Ihnen, Fragen für die Schüler festzuhalten. Später kann durch Anklicken der Antwort diese sichtbar gemacht werden.

Die *Multiple-Choice-Fragen* ermöglichen es Ihnen, eine Frage zu stellen und eine Auswahl an Antwortmöglichkeiten zu geben. Auch hier können die Schüler selbst kontrollieren, ob sie richtig geantwortet haben.

Sollten Sie in einen Raum ausweichen müssen, in dem sich kein interaktives Whiteboard befindet, oder verfügen Sie generell über keines, so können Sie die Einheiten auch als Arbeitsblätter oder als OHP-Folie ausdrucken. Sie erhalten dann eine Aufgabenfolie und eine Lösungsfolie, die Sie auf erstere legen können.

Co.Tec bietet auch Themenpakete für die einzelnen Fächer an. In Biologie können Grafiken genutzt werden, in Geografie kann man auf einen Kartenfundus zurückgreifen, und in den Fremdsprachen kann man authentisches Bildmaterial in den Unterricht einfließen lassen.

Vorsicht: Bedenken Sie schon während der Stundenplanung, Raum für die selbstständige Erarbeitung durch die Schüler zu geben. Nicht alle Unterrichtsgegenstände eignen sich für diese Art der Wissensvermittlung.

Ablauf:
Die Firma *Co.Tec* unterteilt die Phasen für *MasterTool*-Einheiten selbst in Autorenphase, Besprechungsphase und Übungsphase. Am Beispiel des Aufbaus einer Blüte kann dies erklärt werden.

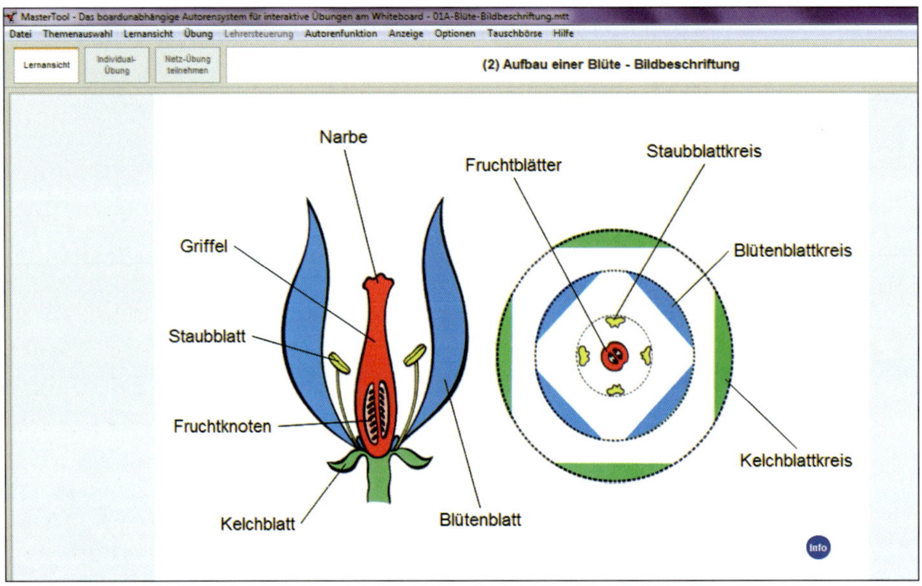

1. In der Autorenphase sind Sie tätig und erarbeiten das Material. Danach bringen Sie dieses in den Unterricht und öffnen es an einem interaktiven Whiteboard, per Beamer oder OHP.
2. Die Schüler sehen die Lösungen und besprechen gemeinsam den Aufbau der Blüte. Natürlich können Sie zu Beginn der Einheit die Antworten auch verdeckt zeigen und somit erst mal ermitteln, was Ihre Schüler schon wissen, oder bei geeignetem Unterrichtsmaterial zu Spekulationen auffordern.
3. In der anschließenden Übungsphase werden die Lücken verdeckt, und die Schüler können überprüfen, ob sie die Antwort gewusst hätten. Das Programm gibt Rückmeldung über die richtige Antwort.

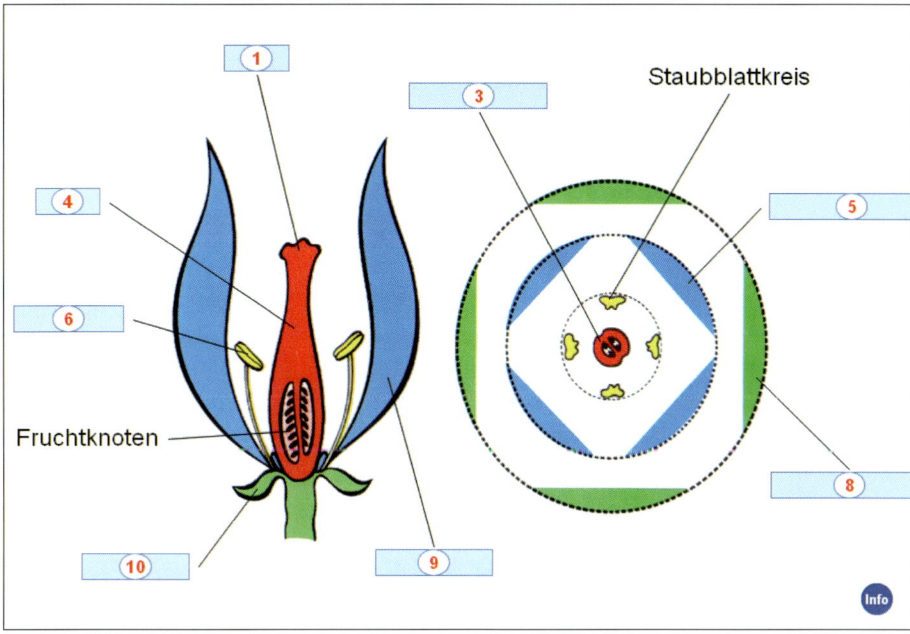

4. *MasterTool* ermöglicht es Ihnen auch, die zuvor an der Tafel gesehenen Elemente als Arbeitsblatt für die Schüler auszugeben. Oder Sie verknüpfen die Einheiten mit Schulhomepage oder Lernplattform, und die Schüler verinnerlichen am Computer in der Schule oder von zu Hause aus die Unterrichtsinhalte.

5. Ein hilfreiches Werkzeug für die Diagnose ist das Übungsprotokoll. *MasterTool* erstellt abschließend ein Übungsprotokoll, welches Sie für diagnostische Zwecke für Ihren eigenen Unterricht verwenden oder den Schülern oder den Eltern als Leistungsnachweis zur Verfügung stellen können.

18. Der Einsatz von Schulfernsehen und Teachers TV im Unterricht

Medium: PC, Internetzugang/interaktives Whiteboard

Kurzbeschreibung:
Hier geht es um kleine Clips, die von Lehrern für Lehrer gemacht wurden und im Schulalltag jederzeit einsetzbar sind.

Impulse:

- ✔ *Physik:* Erklären Sie mit Hilfe eines kleinen Filmes die Hebelwirkung (Planet Schule, Am längeren Hebel), oder fordern Sie Ihre Schüler mit einer Wette heraus, ob ein Kamel auf 500 Eiern stehen kann (ebenda, Ein Kamel auf Eiern), ohne dass diese zerbrechen.
- ✔ *Fremdsprachen:* Machen Sie mit Ihren Schülern einen Ausflug nach London oder Paris (ebenda, David's travel guide to London), und zerbrechen Sie sich nicht den Kopf darüber, wie Sie das amerikanische Wahlsystem erklären sollen – lassen Sie es einfach erklären (ebenda, A long way to the White House).

Vorbereitung:

Vorab sei gesagt, dass die englische Webseite *Teachers TV* (www.tes.co.uk) im April 2011 geschlossen wurde. Auf Grund zahlreicher Anfragen und Proteste der über 100000 Lehrer, die regelmäßig darauf zugreifen, ist ein Teil des Archivmaterials noch zugänglich. Grund genug, *Teachers TV* als Medium hier neben dem deutschen *Schulfernsehen* aufzuführen, auch wenn es nicht mehr existiert.

Recherchieren Sie nach geeigneten Clips, die zu Ihren Unterrichtsinhalten passen. Überlegen Sie sich, wie Sie den Beitrag einsetzen wollen – ob als Einstieg in ein neues Thema, zur Verdeutlichung und Veranschaulichung eines fachlichen Inhaltes, als Beispiel zur eigenen Erstellung eines Videos etc. Viele Filme sind zusätzlich mit Materialien und Handreichungen zum Einsatz im Unterricht versehen.

Ablauf:

Für *Teachers TV*: Gehen Sie auf die Homepage. Klicken Sie dort auf *Teaching Resources*, auf *Secondary* und dann auf *Teachers TV*. Hier können Sie stöbern. Die Videos sind nicht nur nach Sekundarstufe (*Secondary school*) und Primarstufe (*Primary school*), sondern auch nach Themengebieten geordnet.

Wenn Sie das *Schulfernsehen* nutzen möchten, gehen Sie z.B. auf die Homepage www.planet-schule.de. Hier finden Sie auf der Startseite den Link *Filme online*. Klicken Sie darauf, um Filme nach einzelnen Fächern sortiert zu suchen. Sie können den Film entweder direkt über die Homepage anschauen oder ihn im mpeg4-Format herunterladen. Weitere Anbieter finden Sie über *Google* und das Schlagwort *Schulfernsehen*.

Weitere Informationen auf der Homepage.

19. Schulhomepage

Medium: PC, Internetzugang

Kurzbeschreibung:
Ein Auftritt im Internet ist eine Visitenkarte, auf der sich Eltern zukünftiger Schüler informieren oder aber auch Schüler wie Eltern einen Überblick verschaffen und notwendige Informationen über die Schule finden können.

Grundüberlegungen:
Die technische Realisierung einer Homepage sollten Sie einem kundigen Kollegen oder einem Fachmann überlassen. Hier soll in erster Linie auf die Inhalte einer guten Schulhomepage eingegangen werden.

Schulhomepages sollten intuitiv zu bedienen, informativ und aktuell sein. Eine intuitive Bedienung erlangt man durch wenige gezielte Informationen und eindeutige Bezeichnungen. Eine Homepage, die zu viele Unterkategorien hat, ist schnell unübersichtlich und demotivierend.

Eine Schulhomepage wird vorwiegend von Eltern, Schülern und Lehrern, in bestimmten Fällen auch der Öffentlichkeit, aufgerufen. Diese drei Hauptgruppen sollten immer berücksichtigt werden, wenn es um die Erstellung der Inhalte geht. Daher sind Schulprofil, Schulgeschichte und Kollegium mit den jeweiligen Fächerkombinationen, gegebenenfalls besonderen Aufgaben und Kontaktmöglichkeiten sehr wichtig. Schüler- und Elternvertretung sollten ebenfalls präsentiert werden. Aber auch Eckdaten, wie Schulzeiten, Gebäudepläne, Sekretariat, Schulleitung, Fächerangebot etc., haben auf einer Homepage ihren Platz.

Angebote, durch die sich die Schule hervorhebt, wie beispielsweise das Wahlangebot, Arbeitsgemeinschaften, Wettbewerbe, regelmäßige Ausflugsziele, Austauschprogramme, Praktika etc., werden über die Homepage publiziert. So können sich Eltern und Schüler ein Bild über die Angebote machen und sich in aller Ruhe zu Hause informieren.

Um die Attraktivität für die Schüler zu erweitern, lohnt es sich, Schüler mit in die Gestaltung und Produktion der Inhalte einzubeziehen. Grenzen Sie auf Ihrer Schulhomepage ganz klar ab, welche Inhalte von Schülern erstellt wurden. Interaktive Elemente, wie ein Gästebuch, eine Fotogalerie o.Ä., erhöhen die Attraktivität. Vorsicht ist allerdings geboten bei Elementen, die von Besuchern mitgestaltet werden, wie einem Gästebuch, denn diese Elemente können auch für unerwünschte Zwecke missbraucht werden.

Die Verlinkung mit dem Vertretungsplan, der schulischen Lernplattform, dem Speiseplan aus der Mensa oder dem Busfahrplan macht die Homepage auch für einen Wiederbesuch nach dem ersten Anschauen attraktiv. Solche Informationen werden benötigt, um Besucher an die Seite zu binden und somit beispielsweise auch die Ankündigung auf der Startseite verbreiten zu können.

Das Internet ist ein schnelllebiges Medium. Dementsprechend muss eine Homepage immer aktuell gehalten werden. Dies bedeutet für den Redakteur der Homepage, dass diese ständig aktualisiert wird, neue Artikel eingefügt und Änderungen, die an einer Schule passieren, auf der Homepage publiziert werden. Aber auch Verlinkungen ändern sich, und der Redakteur muss diese ständig überprüfen, um tote Links zu vermeiden. Eine Schulhomepage ist niemals fertig und bedarf ständiger Arbeit. Daher ist auch der Rest des Kollegiums immer aufgefordert, den Redakteuren der Homepage neue Inhalte zukommen zu lassen.

Die rechtliche Seite einer Homepage muss ebenfalls geklärt sein. Das Internet ist ein öffentliches Medium. Ein vollständig gestaltetes Impressum ist eine Grundvoraussetzung für einen Internetauftritt. Der Dienstanbieter muss namentlich genannt und mit Adresse versehen sein. In der Regel ist der Dienstanbieter der Schulträger.

Achtung: Besondere Vorsicht gilt der Verwendung von Bildern, Fotos und Namen. Geben Sie Acht, dass Sie nicht gegen das Datenschutzgesetz und das Gesetz über das Recht am eigenen Bild sowie das Urheberschutzgesetz verstoßen. Generell dürfen keine Inhalte oder Bilder aus dem Internet kopiert und ohne Genehmigung genutzt werden. Bei Fotos von Schülern muss das Einverständnis der Eltern zur Nutzung der Bilder auf der Homepage vorliegen. Gerade bei schülergestalteten Internetauftritten muss dies besonders genau kontrolliert werden.

Weitere Tipps und Hinweise zu den rechtlichen Aspekten einer Homepage finden Sie auf der Seite www.lehrer-online.de/faqs-schulhomepage.php

20. Schullernplattform

Medium: PC, Internetzugang (hier exemplarisch *Moodle™*; weitere z.B. *lo-net, Fronter, Edunex*)

Kurzbeschreibung:
Moodle™ ist eine kostenfreie elektronische Lernplattform, die es den Schülern und Lehrern ermöglicht, interaktiv mit den digitalen Medien zu arbeiten, zu kommunizieren, Inhalte auszutauschen und Leistungen zu überprüfen. Eine elektronische Lernplattform kann wie ein virtuelles Klassenzimmer genutzt werden und eignet sich besonders für das eigenständige Lernen, aber auch für die Kooperation.

Vorbereitung:
Bevor Sie einen *Moodlekurs* anlegen können, müssen Sie sich zunächst registrieren und eine Instanz für Ihre Schule erwerben. Erkundigen Sie sich, wer für Ihre Schule möglicherweise den Support und die Administration übernimmt.

Das erstmalige Anlegen eines *Moodlekurses* mitsamt dem Anlegen aller benötigten Funktionen und dem Befüllen mit Inhalten ist ziemlich langwierig. Später wird es aber einfacher und schneller gehen, da man Inhalte problemlos kopieren oder Kurse wiederverwerten kann.
Eine große Zeitersparnis, die sich erst während der Arbeit mit *Moodle™* einstellt, ist, dass Tests, die vorgefertigte Antworten haben, von dem Programm ausgewertet werden können.

Außerdem kann jeder Schüler in seinem eigenen Tempo an den Aufgaben arbeiten. Das fördert die Selbstständigkeit. Sollte die Plattform im Unterricht eingesetzt werden, hat der Lehrer dann genügend Zeit, einzelne Schüler individuell zu unterstützen. Abschließende Unterrichtsprodukte können, müssen aber nicht für alle Kursteilnehmer sichtbar gemacht werden und somit angemessene Wertschätzung finden.

Aufbau und Impulse:
Im Folgenden sollen ein paar Grundelemente der Plattform erläutert und deren Einsatzmöglichkeiten angesprochen werden. *Moodle™* bietet eine weitaus größere Anzahl an Aufgabentypen und Kommunikationsmitteln. Eine detailliertere Einführung finden Sie im *Moodlehandbuch*, welches online zu finden ist.

1. Ein *Moodlekurs* lässt sich in drei Spalten aufteilen: Auf der rechten Seite findet man seine persönlichen Einstellungen, in der Mitte die kursspezifischen Einheiten, rechts können verschiedene Blöcke integriert werden, wie z.B. ein Terminkalender, ein Blog, eine Dateiablage, einfache Verlinkungen z.B. zu einem Nachschlagewerk, und vieles mehr.
2. *Moodleaufgaben* werden in zwei Kategorien eingeteilt: Arbeitsmaterial und Aktivitäten. Arbeitsmaterialien sind von den Kursteilnehmern passiv zu bearbeitende Aufgaben, wie z.B. Arbeitsblätter zum Herunterladen, Aufgabenstellungen oder Verlinkungen zu anderen Dateien und Webseiten. So können auch *YouTube*™-Videos einfach verlinkt oder Audiodateien für die Arbeit zu Hause für alle Schüler bereitgestellt werden. Die Kategorie *Arbeitsmaterialien* ermöglicht es dem Kursleiter, den Input für die Kursteilnehmer bereitzustellen.
3. Interaktiv wird es mit den *Aktivitäten. Moodle*™ bietet eine große Auswahl an verschiedenen Übungsformen. Dies reicht von der einfachen Abgabe eines Dokuments bis zu Computerlernspielen. Die folgenden Beispiele bilden eine kleine Auswahl:
   Online-Texteingabe: Der Kursleiter stellt den Kursteilnehmern eine Aufgabe. Die Aufgabe wird von den Kursteilnehmern online bearbeitet. Dies bedeutet, dass sie kein weiteres Bearbeitungsprogramm benötigen und direkt im Editorfenster von *Moodle*™ arbeiten können. Der Kursleiter erhält die Antworten der Kursteilnehmer automatisch. In einer Liste, die nur für ihn einsehbar ist, kann er alle Antworten aufrufen und hat Platz für einen Kommentar und die Benotung der Lösung. Die Kursteilnehmer erhalten automatisch ein elektronisches Feedback.

   Online-Datei hochladen: Diese Aktivität ermöglicht es den Kursteilnehmern, eine *Moodle*™-unabhängige Datei hochzuladen, beispielsweise ein *Worddokument*, eine Audiodatei oder eine *PowerPoint*-Präsentation. Auch diese erhält der Kursleiter in einer Liste und kann sie bewerten.

   Datenbank: Auf eine Datenbank kann von allen Kursteilnehmern etwas hochgeladen und somit für alle zur Verfügung gestellt werden. Je nach Einstellung können die Kursteilnehmer ihre Daten gegenseitig kommentieren. So eignet sich dies besonders gut für eine Sammlung von Präsentationen, die im Unterricht gehalten wurden, die Veröffentlichung von kleinen Hörbuchprojekten o.Ä. Jeder kann so auch von zu Hause darauf zugreifen und eventuell in Vorbereitung auf eine Leistungsüberprüfung die im Unterricht erarbeiteten Materialien noch einmal anschauen.

Glossar: Das *Glossar* ermöglicht es allen Kursteilnehmern, in einer Liste Einträge zu machen. So können z.B. im fremdsprachlichen Unterricht schülerorientierte Vokabellisten angelegt werden. In den Naturwissenschaften kann eine Fachbegriffsliste für den eigenen Unterricht erarbeitet werden, im Literaturunterricht können Szenen zusammengefasst oder Charaktere beschrieben werden. Jeder arbeitet an diesem großen Projekt mit, und alle haben Einblick in die neuesten Ergebnisse.

Journal: Das *Journal* ist ein Dokument, welches fortlaufend von den einzelnen Kursteilnehmern bearbeitet werden kann. Man hat nur Zugriff auf sein eigenes Dokument. So eignet es sich als Schul- oder Lesetagebuch oder um einen Praktikumsbericht fortlaufend zu schreiben. Der Kursleiter hat wieder Zugriff auf alle Journale und kann den Schreibprozess begleiten und den Schreibenden Rückmeldungen senden. Es ist auch eine Abschlussbewertung möglich.

Abstimmung: Die Aktivität *Abstimmung* ermöglicht es den Kursteilnehmern, sich in bestimmte Projekte einzuwählen oder über das nächste Ausflugsziel abzustimmen. Abstimmungen können anonym oder offen gestaltet werden.

Befragungen: Befragungen sind immer dann hilfreich, wenn man gezielt Fragen stellen möchte, die von den Kursteilnehmern individuell beantwortet werden sollen, um dann eine Auswertung aller Teilnehmer zu erhalten. Die Fragestellungen können eine Ja/Nein-Antwort erfordern, eine Bewertung auf einer numerischen Skala oder auch Texteingaben erlauben. Die Antworten werden automatisch ausgewertet und je nach Möglichkeit in einem Diagramm oder in einer Textsammlung dargestellt. Die Befragung ermöglicht es dem Lehrer, Auswertungen über den letzten Schulausflug, das gelesene Buch, ein Kunstwerk etc. einzuholen. Die Schüler können diese Auswertungen ebenfalls nutzen und mit den Ergebnissen der Klasse dann weiterarbeiten.

Wiki: Ein *Wiki* ermöglicht es einer ganzen Klasse, gemeinsam an einem Dokument zu arbeiten. Änderungen von Mitschülern können sofort eingesehen werden, und alle können mitarbeiten. So ist es beispielsweise möglich, einen gemeinsamen Leserbrief zu gestalten oder gemeinschaftlich einen Sachartikel zum Leben in der Steinzeit zu erarbeiten.

Lernspiel: Der Kursleiter kann aus einem Fragenpool Fragen beispielsweise in ein *Wer-wird-Millionär*-Spiel, welches von *Moodle*™ generiert wird, einfügen, und alle Schüler in der Klasse eine Runde *Wer wird Millionär* mit den Fragen der Mitschüler spielen lassen.
Hot-Pot-Tests: Lernspiele, die Sie mit der Software *Hot Potatoes*™ (siehe auch S. 106) erstellt haben, lassen sich ebenfalls leicht in *Moodle*™ integrieren. Die Schüler können die eingefügten Spiele über einen Link öffnen, sie auf einer geschützten Plattform durchgehen, und der Lehrer bekommt automatisch eine Liste mit den Ergebnissen. So lassen sich leicht Vokabeltests oder einfache Matheaufgaben für die Übung oder zum Testen erstellen.

Dies ist nur eine Auswahl der Möglichkeiten mit *Moodle*™. Der Unterricht kann motivierend und schülerorientiert sein. Jeder Schüler kann in seinem eigenen Tempo arbeiten, und der Lehrer hat jederzeit Zugriff auf die Arbeiten, um unterstützend oder bewertend einzugreifen.

Für detaillierte Informationen besuchen Sie *docs.moodle.org*. Die Seite ist ein Wiki und behandelt die unzähligen Themen, die *Moodle*™ bietet, von „Wie fange ich mit *Moodle*™ an?“ bis zu „Wie kann ich ein E-Portfolio in *Moodle*™ integrieren?“. Bisher ist diese Seite nur auf Englisch verfügbar; teilweise sind jedoch auch Artikel auf Deutsch zu finden.

21. Eine Klassenhomepage erstellen

Medium: PC, Internetzugang (*Google Sites* und *Google Mail*)

Kurzbeschreibung:
Sie stellen Ihren Schülern eine Plattform zur Verfügung, über die sie wichtige Informationen und Materialien zu Ihrem Fach bzw. Kurs erhalten. Ihre Schüler werden dadurch zur selbstständigen Nutzung angeleitet und lernen den Umgang mit Online-Plattformen.

Vorbereitung:
Eine Homepage zu erstellen, ist eine Kunst für sich. Für die Schule langt zum Glück auch eine einfache Version – und diese ist mit Hilfe von *Google Mail* im Nu erstellt. Die einzige Voraussetzung ist das Anlegen eines kostenlosen E-Mail-Kontos bei *Google*. Auf der *Google*-Homepage haben Sie die Möglichkeit, Einträge zu verfassen, Bilder hochzuladen, Videos aus *YouTube*™ einzustellen und Dokumente hochzuladen. Besonders in der Oberstufe empfiehlt sich eine solche Homepage, auf der Sie die Termine für die Kursarbeiten

festhalten oder über andere wichtige Veranstaltungen informieren können. Ausgeteilte und digital erstellte Arbeitsblätter können hochgeladen werden. Stellen Sie Links zu interessanten Seiten ein, auf denen Ihre Schüler über den Unterricht hinaus recherchieren oder nachschlagen können.

Wie so eine Homepage aussehen kann, sehen Sie hier: https://sites.google.com/site/medienimunterricht/. Die Erstellung hat ca. 20 Minuten gedauert. Bitte haben Sie Verständnis dafür, wenn der im Folgenden skizzierte Ablauf auf Grund von Veränderungen der Struktur auf den Google-Seiten irgendwann nicht mehr aktuell ist. Eine Richtlinie sollte er dennoch bieten können.

Ablauf:

1. Richten Sie sich unter https://accounts.google.com ein E-Mail-Konto bei *Google Mail* ein.
2. In der oberen Leiste finden Sie den Link *Sites*. Öffnen Sie ihn durch Klicken.
3. Um eine Webseite zu erstellen, klicken Sie auf den roten Button *Erstellen*.
4. Im nächsten Fenster können Sie nun zwischen einer leeren Vorlage wählen oder eine Vorlage auswählen. Es existiert bereits eine Vorlage zu einer Klassenhomepage. Diese ist allerdings auf Englisch und sollte nur dann gewählt werden, wenn Sie und die Klasse über gute bis sehr gute Englischkenntnisse verfügen. Geben Sie den Namen Ihrer Homepage ein, Google erstellt automatisch eine URL dafür.
5. Unter *Weitere Optionen* bestimmen Sie, wer alles Zugriff auf die Homepage erhalten soll, und können eine kurze Beschreibung eingeben.
6. Geben Sie nun den angezeigten Code ein, und bestätigen Sie die Eingabe mit der Enter-Taste.
7. *Google* erstellt nun Ihre Homepage. Sie befinden sich dann auf Ihrer Startseite. Um diese bearbeiten zu können, klicken Sie auf das Bleistiftsymbol. Nun können Sie einen Text eingeben.
8. Um nun eine neue Webseite anzulegen, klicken Sie auf das Seitensymbol mit dem Plus. Eine neue Seite öffnet sich, und Sie werden aufgefordert, den Namen der Seite zu nennen. Sie können nun eine Vorlage für diese Seite auswählen, außerdem, auf welcher Ebene Sie die Seite anordnen wollen. Bestätigen Sie Ihre Auswahl mit einem Klick auf den roten Button *Erstellen*. Zum Bearbeiten der neu erstellten Seite klicken Sie auf das Bleistiftsymbol.

9. Über den Button *Weitere* erhalten Sie die Möglichkeit, die Seiteneinstellung zu überarbeiten. Hier können Sie z.B. auswählen, ob Sie ein Kommentarfeld zulassen wollen oder ob der Seite Anhänge hinzugefügt werden sollen. Hierüber kann man auch eine Seite wieder löschen.
10. Um eine Anlage hochzuladen, klicken Sie auf *Durchsuchen* und wählen das entsprechende Dokument aus. *Google Site* lädt dieses jetzt automatisch auf Ihre Homepage.
11. Um die einzelnen Seiten zu personalisieren und farbiger zu gestalten, klicken Sie links auf *Seitenleiste bearbeiten.* Wählen Sie in dem sich jetzt öffnenden Fenster Farben und Schriftarten aus, und probieren Sie herum.
12. Um die Webseite Ihren Schülern zugänglich zu machen, klicken Sie auf den blauen Button *Freigeben.* Im sich öffnenden Fenster wird Ihnen die URL angezeigt, unter der man Ihre Webseite im Internet finden kann. Zusätzlich können Sie hier auswählen, ob jeder auf die Webseite Zugriff haben soll, nur solche, die den Link besitzen, oder ausgewählte Personen, denen Sie die Zugangsberechtigung erteilt haben.
13. Fertig ist Ihre Homepage.

22. Wikis

Medium: PC, Internetzugang (*Wikisoftware*)

Kurzbeschreibung:
Ein *Wiki* ist eine Sammlung von Internetseiten, die von mehreren Benutzern gelesen und bearbeitet werden können. Sie können dabei entscheiden, ob die Seite jedem öffentlich im Netz oder nur ausgewählten Personen zugänglich sein soll. Das zurzeit wohl bekannteste *Wiki* ist die Online-Enzyklopädie Wikipedia.

Impulse:
Begleitend zu einer Einheit: Begleiten Sie eine Ihrer Unterrichtseinheiten mit einem *Wiki.* Benennen Sie für jede Stunde zwei bis drei Experten, die dafür verantwortlich sind, die wichtigsten Ergebnisse und Fragen zusammenzufassen und auf das *Wiki* zu stellen. Auch Hausaufgaben können hier dokumen-

tiert werden. So entsteht eine Online-Lernplattform, die Ihre Schüler zum Lernen für die nächste Klassenarbeit nutzen können.

Abschließend zu einer Einheit: Anstatt einer mündlichen Gruppenpräsentation können Sie auch ein *Wiki* erstellen lassen. Teilen Sie Ihre Schüler in Gruppen ein, und geben Sie Ihnen die Aufgabe, Ihre Arbeitsergebnisse als *Wiki*seite zu gestalten. Sprechen Sie sich mit anderen Kollegen ab, so können Sie nach und nach von Schülern für Schüler selbsterstellte Wissensplattformen zu allen möglichen Themen zugänglich machen.

Vorbereitung:
Machen Sie sich Gedanken darüber, in welcher Form Sie einen *Wiki* einsetzen wollen. Klären Sie auch mit Ihren Schülern ab, ob jeder eine E-Mail-Adresse hat und zu Hause über einen internetfähigen PC verfügt. Um ein *Wiki* erstellen zu können, gibt es im Internet zahlreiche kostenlose Software. Hier stellen wir Ihnen exemplarisch eine Software vor.

Durchführung:

1. Rufen Sie die Seite www.pbworks.com auf.
2. Wählen Sie in der Kopfleiste das Icon *Get Started!*.
3. Klicken Sie in dem sich nun öffnenden Fenster *Education User* an. Wählen Sie den kostenlosen Basic-Tarif aus.
4. Nun werden Sie aufgefordert, die Internetadresse, unter der man Ihr *Wiki* später finden soll, in das erste Feld *Choose your address* einzutragen.
5. Mit dem Anklicken des darauffolgenden Kästchens bestätigen Sie, dass Sie diese Webseite nicht kommerziell nutzen werden.
6. Zum Erstellen Ihres *Wiki* geben Sie abschließend Ihren Namen, Ihre E-Mail-Adresse und ein Passwort ein und bestätigen Ihre Eingaben, indem Sie auf *Next* klicken.
7. Sie bekommen jetzt eine E-Mail an die angegebene Adresse geschickt, mit der Sie die Eröffnung Ihres Accounts bestätigen. Klicken Sie auf *Activate your PBworks account now*, und die Anmeldung ist abgeschlossen.
8. Als Erstes müssen Sie auswählen, wer alles Zugriff auf das *Wiki* hat. Diese Angaben können später jederzeit wieder geändert werden.

9. Jetzt können Sie anfangen, Ihr *Wiki* zu gestalten. Als Erstes sehen Sie die Startseite (*Front Page*). Indem Sie auf den Reiter *Edit* klicken, können Sie diese bearbeiten. Ihre Änderungen speichern Sie mit dem *Save-Button* im Fußleistenbereich.

10. Um eine neue Seite einzurichten, wählen Sie in der Navigationsleiste den Reiter *Pages & Files* aus. Sie haben nun die Möglichkeit, zwischen verschiedenen Vorlagen zu wählen oder selbst eine Seite zu gestalten (*Blank Page*).

11. Eine für den Unterricht nützliche Seite ist z.B. *Assignments* (Aufgaben). Wählen Sie das Erstellen der Seite aus, indem Sie darauf klicken. Nun öffnet sich ein neues Fenster. Wie auch bei der Startseite finden Sie zum Bearbeiten den Reiter *Edit*. Nun können Sie z.B. die englischen Überschriften durch deutsche ersetzen. Speichern Sie Ihre Änderungen regelmäßig mit dem *Save*-Button.

12. In der Seitenleiste (*Side Bar*) haben Sie die Möglichkeit, Verlinkungen sowohl zu anderen Seiten Ihres *Wikis* als auch zu anderen Internetseiten herzustellen. Sie können auch Bilder und Dokumente hochladen, die sich auf Ihrem Computer befinden (*Images and Files*). Bitte beachten Sie auch hier die geltenden Urheberrechte (siehe auch S. 50).

13. Abschließend können Sie festlegen, wer Zugriff zu Ihrem *Wiki* bekommt. Wählen Sie in der Navigationsleiste den Reiter *User* aus. Klicken Sie nun auf *Add more users*. In dem neuen Fenster, dass sich öffnet, können Sie die E-Mail-Adressen eingeben und den Status festlegen. Der Status *Reader* erlaubt Ihren Schülern lediglich das Lesen des *Wiki*, wer von Ihnen als *Writer* angelegt wird, kann auch Beiträge verfassen und abspeichern. Dieser Status kann von Ihnen jederzeit wieder geändert werden.

    Viel Spaß beim Ausprobieren.

Im Unterricht

23. Schülerarbeiten präsentieren

Medium: Digitalkamera, ggf. PC, Internetzugang

Kurzbeschreibung:
Nichtverschriftlichte Arbeitsergebnisse der Schüler sollen festgehalten werden, um sie für die Weiterarbeit im Unterricht benutzen zu können und die Dokumentation in einem Portfolio zu ermöglichen.

Grundüberlegungen:
Die Ergebnisse von Schülerarbeiten müssen festgehalten und gewürdigt werden und sollen z.T. auch noch mal als Redeanlass in den folgenden Stunden dienen. Oft geschieht die Präsentation in Form von Aufsätzen, Plakaten, Folien etc. Wie aber halten Sie Ergebnisse von Schülern fest, wenn etwas in Form eines Standbildes oder eines Rollenspiels vorgestellt wird? Machen Sie Fotos, ggf. können Sie auch kleine Filme mit der Digitalkamera aufnehmen. So können Sie beispielsweise bei Elternabenden anschaulich zeigen, was geleistet wurde. Auch können die Ergebnisse in Lernplattformen eingestellt (siehe auch S. 65) oder per Mail an die Schüler verschickt werden. So können diese auch in ein Lernportfolio integriert werden.

24. Magisch präsentieren

Medium: Interaktives Whiteboard oder Beamer/PC, Fernbedienung, Presenter

Kurzbeschreibung:
Präsentieren Sie einmal, ohne direkt vor dem interaktiven Whiteboard oder an der Tastatur zu stehen bzw. zu sitzen, und bewegen Sie sich durch den gesamten Raum. So stehen Sie für die Schüler in einem Dialog mit der Projektionsfläche. Sie können sich so auch ein wenig aus der Aktion zurückziehen.

Impulse:

- ✔ Von einigen gezeigten Gegenständen, die besprochen werden, können plötzlich einzelne verschwinden, die die Schüler dann benennen und erinnern müssen. Oder es kommen neue hinzu.
- ✔ Zeigen Sie Impulse zur Diskussion, und lassen Sie die Klasse über einzelne Bilder etc. debattieren, ohne dass Sie vorne stehen und „leiten".

Vorbereitung:
Erstellen Sie vor Beginn des Unterrichts eine Präsentation in *PowerPoint* (oder einem anderen Programm, das zum Präsentieren geeignet ist). Erstellen Sie in Ihrer Präsentation, wenn nötig, einen Animationspfad (das heißt, dass in *PowerPoint* über das Tool *Animation* zuvor bestimmt wird, in welcher Reihenfolge einzelne Elemente wie erscheinen). So müssen Sie später für den Fortgang der Präsentation nur eine Taste drücken.
Schließen Sie bei einem schnurlosen Presenter den zugehörigen USB-Stick an den Computer an.

Ablauf:

1. Starten Sie Ihre Präsentation am Computer.
2. Halten Sie die Fernbedienung in der Hand oder sogar in der Hosentasche. Beginnen Sie Ihren Unterricht, und klicken Sie eine Seite weiter, wenn es angebracht ist. Die Bewegung an der Tafel kann zu besonderen Effekten und Überraschungsmomenten führen.

25. Leinwandgespräche

Medium: Kamera, interaktives Whiteboard oder Beamer/Computer

Kurzbeschreibung:
Ziel ist es, auf eine eindrucksvolle Art und Weise ein zuvor aufgezeichnetes Gespräch in den Unterricht zu integrieren und die Schüler dabei zu verblüffen. Die Person vor der Leinwand tritt dabei in ein „Gespräch" mit der Person auf der Leinwand.

Diese Methode lässt sich nicht ständig anwenden und sollte nur dann eingesetzt werden, wenn man etwas besonders hervorheben oder sich mit den Schülern einen kleinen Spaß erlauben möchte. Der Überraschungs- und Faszinationseffekt ist hier natürlich schnell weg.

Ein besonders gelungenes Beispiel, das viel Erfahrung mit der Materie braucht, können Sie hier sehen: http://youtube/zx3qd2BN_6Y Sie können es auch Ihren Schülern zeigen. Link auch auf der Homepage .

Impulse:

- ✔ Führen Sie ein Interview mit sich selbst/jemand anderem.
- ✔ Lassen Sie die Schüler kreativ die Möglichkeiten dieses Ansatzes erkunden.

Vorbereitung:
Zunächst muss eine kleine Inszenierung aufgenommen werden. Man bereitet einen Dialog vor, den man zwischen sich und der Leinwandfigur (das zuvor gefilmte Selbst, es kann aber auch jemand anderes sein, z.B. jemand, der von seinem Beruf berichtet, von einem Museum erzählt etc.) inszenieren möchte. Daraufhin nimmt man nur den Dialoganteil auf, der nachher auf der Leinwand gesprochen werden soll. Ist dies erledigt, muss geübt werden. Man lernt den Dialog auswendig und probt so lange, bis die Übergänge sicher stimmen, damit der Effekt später nicht durch Verhaspeln verloren geht.

Ablauf:
1. Rufen Sie Ihren Film im Unterricht auf. Sie sehen also eine zweite Figur, mit der Sie „reden" können.
2. Führen Sie den zuvor geprobten Dialog mit der Leinwandfigur auf. Gerade beim ersten Mal wird er die Zuschauer bannen und lange in Erinnerung bleiben.

26. Stationenarbeit

Medium: Interaktives Whiteboard, *PowerPoint*

Kurzbeschreibung:
Die Möglichkeiten, digitale Medien in die Stationenarbeit einzubinden, sind vielzählig. Mit der Handykamera können kleine Dialoge festgehalten werden, der MP3-Player (siehe S. 80) hilft bei der Bewältigung von individuellen Hörverständnisaufgaben, und das interaktive Whiteboard wird genutzt, um die einzelnen Stationen für die jeweiligen Schüler zu erklären und falls nötig Hilfe in Form zusätzlicher Texte/Dateien zu liefern. Das selbstständige Arbeiten und der selbstverständliche Umgang mit den digitalen Medien werden so auf vielfache Weise geübt. Im Folgenden eine Anleitung zur Nutzung des interaktiven Whiteboards für das Stationenlernen, eine bewährte Methode zur Förderung und Differenzierung selbstgesteuerten Lernens.

Impulse:
- ✔ Nutzen Sie diese Art der Stationenarbeit, um multimediale und interaktive Elemente mit einzubinden.

Berücksichtigen Sie bei der Stationenarbeit immer die Grundsätze einer solchen:

- ✔ verpflichtende und optionale Aufgaben an verschiedenen Stationen im Klassenzimmer,
- ✔ eine Station mit Lösungsblättern zur Selbstkontrolle,
- ✔ ein Laufzettel pro Schüler mit einem Überblick aller Stationen,
- ✔ abschließende Bewertung der Arbeitsergebnisse anhand zuvor besprochener Kriterien auf einem Evaluationsblatt,
- ✔ Absprache allgemeiner Arbeitsregeln zu Beginn der Stationsarbeit.

Vorbereitung:
Bevor Sie die Stationenarbeit im Unterricht durchführen, erarbeiten Sie zunächst die einzelnen Stationen. Diese können Sie dann in einer *PowerPoint*-Präsentation festhalten, in der die Schüler später selbstständig nachschauen können, welche Aufgaben sie wie genau zu bearbeiten haben.

Erstellen Sie auf der ersten Folie Ihrer *PowerPoint*-Präsentation eine Übersicht zu den einzelnen Stationen:

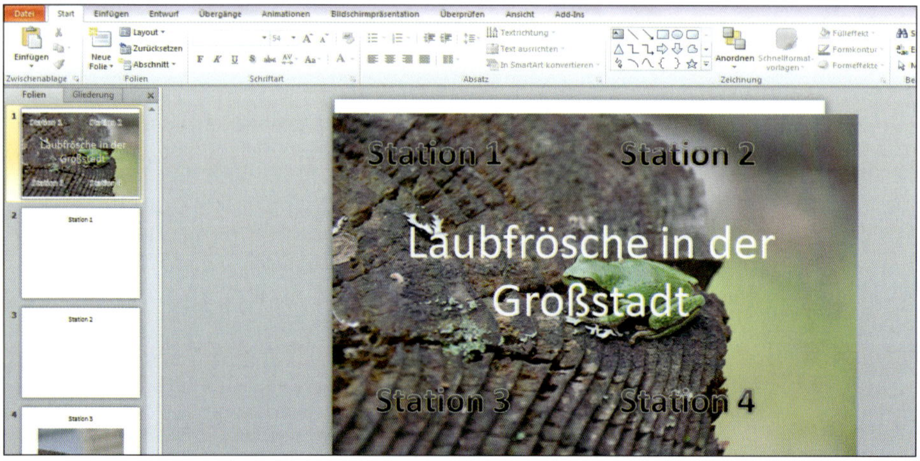

Hier wurde eine Stationenarbeit zum Thema „Laubfrösche in der Großstadt" mit vier Stationen angelegt. Auf den folgenden Folien erarbeiten Sie die Arbeitsaufträge für die einzelnen Stationen. Möglicherweise gibt es auch noch Hilfeseiten für die einzelnen Aufgaben (so können Sie Ihre Stationenarbeit auch differenzieren). Bitte richten Sie diese auch auf separaten Folien innerhalb Ihrer Präsentation ein.

In einem zweiten Schritt verlinken Sie die einzelnen Wörter und Folien miteinander. Dafür klicken Sie beispielsweise auf der ersten Folie das Textfeld „Station 3“ an, unter *Einfügen* finden Sie die Funktion *Hyperlink*.

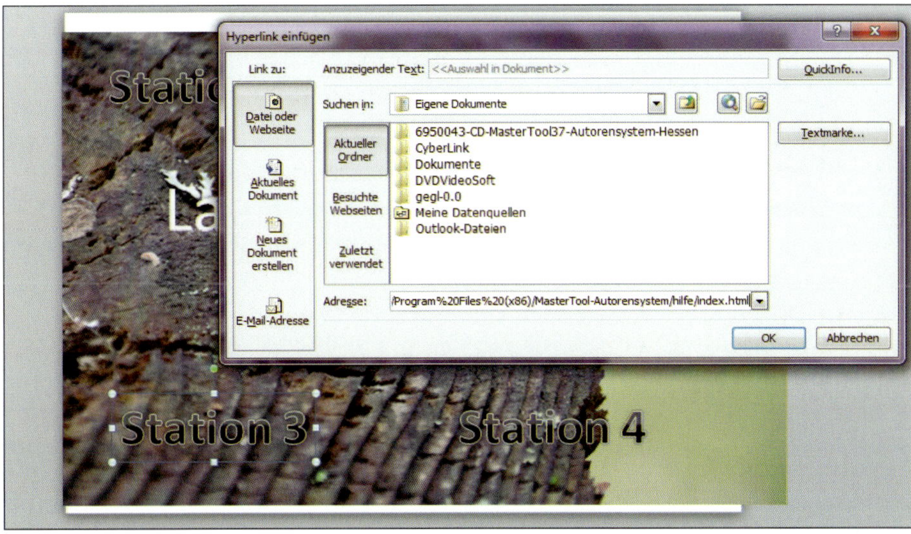

In dem Fenster, das sich öffnet, können Sie nun die Folie wählen, auf der sich der Arbeitsauftrag für Station 3 befindet. Der Hyperlink wird eingefügt, und später können die Schüler durch Klicken auf dieses Feld auf die von Ihnen zuvor definierte Seite gelangen.

So können Sie auch mit schwierigen Begriffen verfahren. Z.B. können Schüler später den Begriff „Amphibien“ anklicken und werden dann auf die Folie geleitet, auf der dieser erklärt wird.

Um später wieder von der Unterfolie auf die erste Folie zurückzugelangen, benötigt jede Folie ein eindeutiges Symbol. Am besten fügen Sie im unteren Bereich ein Textfeld „zurück“ ein und versehen dieses auf jeder Folie mit einem Hyperlink auf die gewünschte Folie.

Der Vorteil einer Darstellung per *PowerPoint* liegt darin, dass Sie bewegte Bilder, Audiodateien und Verlinkungen zum Internet berücksichtigen können. Das Material wird lebendiger und interessanter für die Schüler.

Durchführung:

1. Zu Beginn der Stationenarbeit im Unterricht klicken Sie sich einmal gemeinsam mit den Schülern durch die Präsentation und erklären die einzelnen Stationen.

2. Im Anschluss können die Schüler dann beim Arbeiten an die Tafel kommen, die einzelnen Stationen anklicken und nachlesen, was genau zu erledigen war.

3. Sie können die Aufgabenstellung auch im Internet präsentieren oder auf den Schulserver legen. So können die Schüler einzeln an Computern der Aufgabenstellung nachgehen oder aber auch von zu Hause daran weiterarbeiten.

4. Während und besonders nach Abschluss der Stationenarbeit werden Sie festgestellt haben, mit welchen Arbeitsaufträgen die Schüler Probleme hatten. Erweitern Sie die Präsentation für das nächste Mal durch weitere Folien und Hyperlinks.

27. Stationenlernen in Notebook-Klassen (Beitrag: Eva Wilden)

Medium: Notebooks, Internetzugang, Speicherort für Arbeitsergebnisse (z.B. Lernplattform oder USB-Stick)

Kurzbeschreibung:
Das Ziel dieser Methode besteht darin, bei Schülern in Notebook-Klassen ab Jahrgang 9 das selbstständige Arbeiten weiter zu fördern. Dabei wird ihnen mit Hilfe multimedialer Onlinequellen ein differenzierendes Lernangebot gemacht, aus dem sie den eigenen Kompetenzen und Interessen entsprechend auswählen können. Diese Methode kann in Unterrichtseinheiten von zwei bis zehn Unterrichtsstunden eingesetzt werden. Bei wiederholtem Einsatz dieser Methode wird das selbstständige Arbeiten für die Lernenden zu einer routinierten Selbstverständlichkeit.
Das Stationenlernen eignet sich gut für die Arbeit mit älteren Schülern in Notebook-Klassen, um

- ✔ auch mit Notebooks einen handlungsorientierten und dynamischen Unterricht zu praktizieren,

- ✔ der Motivation und dem Wunsch vieler Lernender nach aktivem und häufigem Arbeiten mit dem Notebook und dem Internet nachzukommen,
- ✔ an Stelle des Lehrwerks das Angebot multimedialer Onlinequellen in einem klar strukturierten Arbeitsprozess zu nutzen.

Beachten Sie die grundlegenden Regeln des Stationenlernens (siehe auch S. 76).

Ablauf:

1. Legen Sie Thema, Dauer der Einheit und Lernziele fest.
2. Überlegen Sie, welche Aufgabenstellungen sich für das Erreichen der Lernziele eignen, und recherchieren Sie passende (Online-)Medien, z.B.
    - ✔ Podcasts, *YouTube™*, *Vimeo* und andere Video-Portale (z.B. für das Hör-Seh-Verstehen im Sprachunterricht oder für aktuelle Nachrichten und Ereignisse)
    - ✔ Recherche einschlägiger Webseiten (z.B. *The National Archives* oder *The British Museum* für bilingualen Geschichtsunterricht oder Landeskunde im Englischunterricht)
3. Entwerfen Sie Aufgabenblätter mit verpflichtenden und optionalen Aufgabenstellungen und Hinweisen zu den Medien (Links, Lehrwerke etc.). Verlinken Sie Onlinequellen von der schulischen Lernplattform. Erstellen Sie Lösungsblätter zu den Aufgaben.
4. Entwerfen Sie einen Laufzettel sowie das Evaluationsblatt. Besprechen Sie in der ersten Stunde der Unterrichtseinheit die allgemeinen Arbeitsregeln, die Zielsetzung sowie den inhaltlichen und zeitlichen Ablauf der Stationsarbeit. Heben Sie vor allem den Laufzettel zur Orientierung hervor.

> **Tipp:** *Stellen Sie Laufzettel, Aufgaben- und Lösungsblätter auf Papier bereit und nicht elektronisch. Dadurch wird den Lernenden der Überblick über ihren Arbeitsprozess erleichtert, der verloren gehen kann, wenn sie zwischen verschiedenen Fenstern und Dateien auf ihrem Rechner hin- und herklicken müssen. Zudem wird so die Kooperation der Lernenden untereinander gefördert, indem sich an den einzelnen Stationen spontan Lerngruppen zusammenfinden und alle (einschließlich der Lehrkraft) allein schon durch die Bewegung im Klassenzimmer einen Überblick darüber haben, wer gerade an welcher Aufgabe arbeitet.*

28. MP3-Player im Unterricht

Medium: MP3-Player, PC, Audiodateien, Kopfhörer

Kurzbeschreibung:
MP3-Player und Kopfhörer ermöglichen es, Audiomaterial einzelnen Schülern im Unterricht zugänglich zu machen. So kann im Unterricht eine Individualisierung vorgenommen werden, und jeder kann in seinem Tempo arbeiten. Auch im Rahmen von Stationenarbeit stellen sie eine gute Möglichkeit dar.

Impulse:
Deutsch:
✔ Reichern Sie Unterrichtseinheiten, wie z.B. Märchen, Fabeln oder Sagen, durch Audio-CDs an.
✔ Informieren Sie sich, ob es für die Lektüre, die Sie gerade lesen, ein Hörbuch gibt. Auch in der Oberstufe kann es hilfreich sein, ein Theaterstück zusätzlich zu hören.
✔ Stellen Sie bereits vorhandenes Audio-Material aus Werkstattheften von Schülern zur Bearbeitung in der Schule bereit.

Englisch:
✔ Spielen Sie Texte, die Sie im Unterricht behandeln, auf die MP3-Player. Nachdem Sie gemeinsam mit der Klasse einen Text gehört haben, stellen Sie weitere Aufgaben dazu, und erlauben Sie den Schülern, sich den gehörten Text nochmals auf dem Player anzuhören.
✔ Bauen Sie in Unterrichtseinheiten vom Lehrbuch unabhängige Hörstationen ein (z.B. „London Sounds").

Ethik:
✔ Ersetzen Sie einen Teil der Leseaufgaben durch Höraufgaben (Hör dir „Die zehn Gebote" an. Schreibe sie danach in deinen eigenen Worten in dein Ethikheft.)
✔ Bauen Sie Hörstationen in die Unterrichtseinheit ein („Höre dir ein Märchen zum Thema Tod an. Wie findest du das Märchen? Beschreibe es mit mindestens fünf Adjektiven.")

Politik:
✔ Arbeiten Sie mit Original-Aufzeichnungen von Reden, Aufzeichnungen aus Umfragen u.Ä.

Nawi/Sachkunde:
✔ Arbeiten Sie mit Aufnahmen von Tierlauten etc.

Vorbereitung:
Der wohl schwierigste und kostenintensivste Aspekt der Vorbereitung ist das tatsächliche Besorgen der MP3-Player. Schauen Sie auf Internetauktionsbörsen nach Großangeboten und Restpostenbeständen, fragen Sie bei Verlagen nach übrig gebliebenen Werbegeräten. Es langt ein begrenzter Speicherplatz (256 MB) sowie eine Play- und Stoppfunktion. Sprechen Sie vorher mit den Eltern über einen Zuschuss aus der Klassenkasse. Machen Sie sich Gedanken, wie Sie die MP3-Player betreiben wollen (Wegwerf-Batterien oder aufladbare Akkus).

Lassen Sie aus hygienischen Gründen Ihre Schüler eigene Kopfhörer mitbringen, oder stellen Sie antiseptische Tücher in der Klasse bereit, mit der die Schüler ihre Kopfhörer nach Gebrauch säubern.

Achtung: Bitte berücksichtigen Sie immer das Copyright. Prüfen Sie, ob eine Nutzung zu Lehrzwecken im Falle Ihres Audiomaterials genehmigt ist. Achten Sie darauf, dass die Kopien nur im Rahmen der Klasse und der schulischen Arbeit verwendet werden. Löschen Sie die Dateien nach Beenden der Arbeit damit.

Ablauf:
Sobald Sie MP3-Player gekauft haben, müssen Sie nur die entsprechenden Audiodateien darauf bestücken. Achten Sie darauf, dass Sie möglichst nicht mehr als 20 Dateien auf einem MP3-Player speichern und die Dateien mit Titel versehen sind, sodass der Benutzer auch weiß, was er gerade auswählt (also nicht Track 1, Track 2, sondern „Der Zauberlehrling", „Der Erlkönig").

29. Leseverstehen mit dem Handy fördern

Medium: Handys

Kurzbeschreibung:
Trainieren Sie mit Ihren Schülern das sinnentnehmende Lesen einmal nicht nur mit Papier und Bleistift, sondern binden Sie das Handy mit ein. Lassen Sie Ihre Schüler die wichtigsten Informationen in einer SMS zusammenfassen – aber nicht abschicken.

Vorbereitung:
Suchen Sie einen geeigneten Text aus. Er sollte nicht zu lang/zu komplex sein, da die wichtigsten Informationen in 160 Zeichen zusammengefasst werden müssen. Einen längeren Text können Sie in Abschnitte unterteilen und diese auf Schülergruppen verteilen.

Ablauf:

1. Teilen Sie den zu bearbeitenden Text aus.
2. Lassen Sie die Schüler zunächst die wichtigsten Stellen z.B. mit einem Textmarker markieren.
3. Nun lassen Sie die Schüler eine SMS schreiben, in der die wichtigsten Informationen vorkommen sollen.
4. Die Schüler lesen sich dann in Partnerarbeit/Kleingruppen ihre SMS vor und diskutieren über Verständlichkeit, Inhalt und Vollständigkeit.
5. Haben Sie unterschiedliche Texte verteilt, so lassen Sie die Kleingruppen sich auf die beste Version einigen und diese dann der Klasse vortragen. Als Methode bietet sich hier auch ein Gruppenpuzzle besonders gut an.
6. Besprechen Sie abschließend, wie Ihre Schüler mit dem Problem der Zeichenbegrenzung umgegangen sind (z.B. durch Abkürzungen) und ob das für die restlichen Mitschüler trotzdem verständlich war.

30. Wordle™ – Wortwolken als Einstieg oder Abschluss (Beitrag: Eva Wilden)

Medium: PC, Internetzugang, Beamer oder Overheadprojektor/interaktives Whiteboard (*Wordle™*)

Kurzbeschreibung:
Mit den Wortwolken von *Wordle™* lässt sich Textarbeit kreativ und ästhetisch ansprechend vor- bzw. nachbereiten.

Wordle™ kreiert Wortwolken aus Texten, die Sie selbst in die Anwendung kopieren können. Dazu müssen Ihnen diese digital zur Verfügung stehen. In der Wortwolke richtet sich die Größe der Wörter nach der Häufigkeit ihres Vorkommens im Text: Je häufiger ein Wort im Text vertreten ist, desto größer erscheint es in der Wortwolke (wie z.B. die Worte „people“ oder „military“ in der Wortwolke zur Rede an die Nation von US-Präsident Bush am 19. März 2003).

Die Nutzung von *Wordle™* ist kostenfrei. Es handelt sich um eine englischsprachige Webseite, die aber auch ohne englische Sprachkenntnisse leicht zu nutzen ist. Die mit *Wordle™* kreierten Wortwolken können (auch anonym) in der *Wordle™-Gallery* veröffentlicht werden. Dort sind sie dann dauerhaft nutzbar und können z.B. verlinkt werden. Für die Anwendung von *Wordle™* auf Ihrem Computer muss *Java* aktiviert sein.

Impulse:
- ✔ Aktivieren Sie das Vorwissen Ihrer Lerngruppe.
- ✔ Bilden Sie Hypothesen über den Inhalt eines Textes.
- ✔ Führen Sie vor dem Lesen eines Textes zentrale Konzepte ein.
- ✔ Vertiefen Sie nach dem Lesen die Textanalyse, oder nutzen Sie die Wolke als Strukturierungshilfe für eine schriftliche Zusammenfassung.

Wordle™ zu diesem Beitrag

Auf der *Wordle™*-Webseite steht zusätzlich zu dem unten beschriebenen Vorgehen auch die Funktion *Wordle™ Advanced* zur Verfügung. Damit lassen sich z.B. die Ergebnisse von Klassenabstimmungen oder Brainstormings grafisch darstellen. Dazu gibt man einfach die Wörter und die Häufigkeit ihrer Nennung im folgenden Format jeweils durch *Return* getrennt ein: Wort:Häufigkeit.
Beispiel:
Zoo: 17
Vogelpark: 12
Klettergarten: 22

Vorbereitung:
Ihr Text muss in digitaler Form vorliegen.

Ablauf:

1. Öffnen Sie die Webseite von *Wordle™*: www.wordle.net, und klicken Sie auf *Create*.

2. Kopieren Sie den gewünschten Text in das oberste Fenster, und klicken Sie auf *Go*.

3. *Wordle™* kreiert nun eine Wortwolke zu dem von Ihnen eingegebenen Text. Diese können Sie mit Hilfe der Menü-Leiste oberhalb der Wortwolke bearbeiten.
   a) *Language:* Entfernen Sie ggf. mit *Remove Common German Words* häufige Wörter wie „und".
   b) *Font:* Wählen Sie einen Schrifttyp aus.
   c) *Layout:* Wählen Sie die Formatierung aus, z.B., ob die Wortwolke eckig oder rund sein soll oder ob die Wörter in der Wolke vorwiegend horizontal oder vertikal abgebildet werden sollen.
   d) *Color:* Wählen Sie unter verschiedenen Farboptionen aus.
   Alternative: Klicken Sie so oft auf *Randomize*, bis eine Wortwolke nach Ihren Vorstellungen angezeigt wird.

4. Klicken Sie auf *Print*, um die Wortwolke zu drucken. Für die elektronische Weiterverarbeitung (z.B. in *PowerPoint*) bietet es sich an, vor dem Drucken einen Screenshot anzufertigen.

5. Klicken Sie abschließend auf *Save to pulic gallery …*, wenn Sie Ihre Wortwolke auf der *Wordle™*-Webseite veröffentlichen wollen. Dort ist sie anschließend auch dauerhaft über den angegebenen Link abrufbar.

31. USB-Mikrofon – das Sprachlabor im Taschenformat

Medium: USB-Mikrofon, PC

Kurzbeschreibung:
Das USB-Mikrofon beinhaltet praktisch ein Diktiergerät, bietet aber mehr Möglichkeiten. Die Gespräche können aufgenommen und abgehört werden, das Mikrofon ermöglicht auch eine Abspeicherung in zwei Formaten (WAV und MP3). Durch den USB-Anschluss können die Audio-Dateien auf den PC überspielt und auch anderen Schülern zugänglich gemacht werden.

Impulse:

- ✔ Nehmen Sie Schülergespräche auf, und machen Sie sie für den weiteren Unterricht verfügbar.
- ✔ Die Schüler können z.B. Interviews mit Passanten oder Geräusche aus der Umwelt aufnehmen.
- ✔ Hörbücher können angefertigt werden.
- ✔ Im Sprachunterricht, gerade im Fremdsprachenunterricht, können die Schüler ihre eigenen Audiodateien aufnehmen und sich selbst zuhören – wie in einem kleinen mobilen Sprachlabor.
- ✔ Schüler können gemeinsam an den Audiodateien arbeiten, sie korrigierten und editieren.
- ✔ Mündliche Arbeiten, die für Bewertungen relevant sind, können aufgenommen und in aller Ruhe geprüft, bewertet und mit einer entsprechenden Software (siehe dazu S. 126) weiterbearbeitet werden.

Vorbereitung:

1. Besorgen Sie sich so günstig wie möglich ein USB-Mikrofon und studieren Sie die Bedienungsanleitung.

2. Vor dem ersten Gebrauch öffnen Sie die Kappe am unteren Ende des Mikrofons. Hier finden Sie den USB-Anschluss. Verbinden Sie das Mikrofon durch einen USB-Port mit dem Computer. Im Normalfall öffnet sich automatisch ein Fenster, und eine entsprechende Software kann installiert werden, da sich das Programm bereits auf dem Speicher des Mikrofons befindet. (Ansonsten laden Sie z.B. *Audacity®* herunter.) Suchen Sie nun die Datei audacitywin.exe, und führen Sie die Installation durch. Zusätzlich wird ein Ordner mit dem Namen MIC_REC angelegt, in dem sich sämtliche aufgenommenen Audio-Dateien befinden (Lizenzinformationen unter http://audacity.sourceforge.net).

3. Prüfen Sie, ob das Mikrofon vor dem ersten Einsatz geladen werden muss. Schließen Sie es hierzu mit dem USB-Port an den Computer an. Ist der Akku vollständig aufgeladen, kann es losgehen.

Durchführung:

1. Schalten Sie das Mikrofon ein, und entscheiden Sie sich für ein Aufnahmeformat.
2. Nehmen Sie auf.
3. Sie können sich Ihre Aufnahme noch einmal anhören und auch vor- und zurückspulen.
4. Sollten unbrauchbare Aufnahmen auf dem Mikrofon gespeichert sein, löschen Sie diese umgehend.
5. Zum Übertragen der Audio-Dateien schließen Sie das Mikrofon über den USB-Anschluss einfach an den PC an. Die Dateien werden automatisch in den bei der Installation angelegten Ordner MIC_REC abgelegt. Von hier aus können Sie die Dateien umbenennen, sie auf einen USB-Stick übertragen, auf einen MP3-Player überspielen oder auf eine CD brennen.

32. Die Möglichkeiten von YouTube™

Medium: PC, Beamer/interaktives Whiteboard, Internetanschluss (*YouTube™*)

Kurzbeschreibung:
YouTube™ ist eine kostenfreie elektronische Plattform, auf der jeder Videos hochladen und sie anderen zur Verfügung stellen kann. Über ein Kommentarfeld kann man die dort gesehenen Videos bewerten und kommentieren. Sie können auf *YouTube™* eingestellte Videos im Unterricht ansehen, sie von Schülern bewerten lassen, aber auch selbsterstellte Videos dort hochladen (Achtung: Hierfür brauchen Sie immer die Genehmigung der Eltern!).

Impulse:

- ✔ Oft finden sich bei *YouTube™* einfache Erklärungen von Sachverhalten oder filmische Bedienungsanleitungen.
- ✔ Zeigen Sie den Schülern im Sachunterricht/in Nawi typisches Verhalten von Tieren, Wetterphänomene etc.
- ✔ Zeigen Sie im Erdkundeunterricht Videos aus bestimmten Ländern/die sich um bestimmte Aspekte Ihres Unterrichts drehen.

- ✔ Sie können auch mit Songs arbeiten.
- ✔ Hier ein paar ganz konkrete Tipps: Mathe: „Satz des Pythagoras" (Mathe-Song), Chemie: „The Element Song" (englisch), Englisch: „The Personal Pronoun Song", Deutsch: „Emilia Galotti – verständlich"

Vorbereitung und Ablauf:
Gehen Sie auf die Webseite www.youtube.com, und geben Sie im Suchfeld einen Begriff ein, z.B. „Newtons Gesetze". Klicken Sie auf Suchen. Nun werden Ihnen verschiedene Videos mit mehr oder weniger qualifizierten Kurzbeschreibungen angezeigt, die auf Grund Ihrer Begriffe gefunden wurden. Öffnen Sie die einzelnen Videos durch Anklicken des Titels. Wählen Sie geeignete Videos aus, bevor Sie in den Unterricht gehen, und zeigen Sie sie am Whiteboard oder per PC/Beamer.

Um einzelne Videos zu kommentieren oder selbsterstellte Videos hochzuladen, müssen Sie bzw. Ihre Schüler sich anmelden. Besprechen Sie bereits vor der Anmeldung unbedingt, was angemessene Kritik ausmacht, und weisen Sie vor dem Erstellen eigener Videos unbedingt auf Urheber- und Persönlichkeitsrechte hin. In diesem Zusammenhang ist durchaus angebracht, über einen Medieninformationsabend für Eltern und Schüler nachzudenken, in dem über Risiken und strafrechtliche Konsequenzen bei Diebstahl von geistigem Eigentum aufgeklärt wird. Laden Sie im Unterricht gedrehte Videos hoch (siehe auch S. 143 ff.). Weitere Infos auf der Homepage.

33. Arbeit mit Filmen am interaktiven Whiteboard

Medium: Interaktives Whiteboard, Filmmaterial

Kurzbeschreibung:
Mit dem interaktiven Whiteboard kann man einfach und motivierend mit Filmen arbeiten. Diese können unterbrochen und direkt am gleichen Medium analysiert und beschriftet werden.

Impulse:
- ✔ Im Literaturunterricht und in Medienkunde können Filmszenen analysiert werden.
- ✔ Im Chemieunterricht können Experimente angesehen und bearbeitet werden.

- ✔ In Sachkunde/Biologie kann das Verhalten von Tieren genau analysiert werden.
- ✔ In Politik kann die Gestik und Haltung eines Redners untersucht werden. Auch kann z.B. ein Foto des deutschen Bundestages gezeigt und die einzelnen Sitze können beschriftet werden.

Vorbereitung:
Wählen Sie geeignetes Filmmaterial aus. Entscheiden Sie, an welchen Stellen Sie das Video anhalten wollen. Vor Unterrichtsbeginn öffnen Sie Ihre Software für das interaktive Whiteboard (*SmartNotebook™*, *ActiveInspire* o.Ä.) und starten die *Werkzeugleiste* bzw. den *Desktop Modus*. In der Regel starten diese automatisch, solange Sie die Software parallel zum Videoplayer oder dem Internet geöffnet haben. Dann müssen Sie den Film nur noch auf dem interaktiven Whiteboard abspielen.

Ablauf:
1. Gemeinsam mit der Klasse wird das Filmmaterial zunächst ggf. komplett angeschaut.
2. In einem zweiten Durchgang drücken Sie an einer Stelle auf Pause. Sowohl *Smart Boards* als auch *Promethean Activeboards* erlauben das Beschriften von Seiten auch außerhalb des eigentlichen Programms.
3. So können Sie gemeinsam mit den Schülern die Filmebenen beschriften, die Positionen der Figuren zueinander genauer analysieren und Verbindungen eintragen. Sie können Kameraperspektive und Kamerabewegung erarbeiten.
4. Anschließend können Sie das erarbeitete Material mit der Dokumentenkamera abfotografieren/speichern und für alle verfügbar machen.

34. Rechtschreibung mit dem Handy trainieren

Medium: Handys

Kurzbeschreibung:
Was sich für viele von Ihnen zunächst nach einem Widerspruch anhören mag, muss in Wirklichkeit keiner sein. Viele Deutschlehrer klagen über die Verrohung der Sprache, da ihre Schüler nicht mehr zwischen SMS-Sprache, Abkürzungen und Emoticons und der Schriftsprache unterscheiden können.

Drehen Sie den Spieß doch einfach um, und trainieren Sie die Rechtschreibung mit Hilfe des Handys und der SMS-Funktion!

Vorbereitung:
Suchen Sie einen kleinen Text aus, der inklusive Satzzeichen nicht mehr als 160 Zeichen hat (mit dem Wörterzahlprogramm ist dies in Sekundenbruchteilen geschehen). Der Text kann natürlich auch in einer Fremdsprache verfasst sein. Kopieren Sie ihn in Schüleranzahl (hier reicht DIN-A6-Format). Packen Sie eine Stoppuhr oder einen Wecker ein, falls Sie einen zeitlichen Rahmen vorgeben möchten.

Ablauf:
1. Sagen Sie den Schülern, dass sie die automatische Worterkennung ihres Handys ausschalten sollen, und überprüfen Sie dies exemplarisch.
2. Teilen Sie den Schülern den Text zum Abtippen aus.
3. Weisen Sie noch einmal klar auf die Regeln hin (ggf. Zeitrahmen, außerdem siehe folgende Punkte).
4. Geben Sie das Startzeichen.
5. Wer glaubt, den Text richtig abgetippt zu haben, kommt nach vorne und legt das Handy auf Ihren Tisch. Wenn drei Schüler ihre Handys abgegeben haben, ist diese Runde vorbei.
6. Kontrollieren Sie die Einträge. Derjenige mit den wenigsten Fehlern ist der Sieger. Halten Sie für die Sieger ggf. einen kleinen Preis bereit.

35. Texte verschlüsseln

Medium: PC, Internetzugang, internetfähige Handys (*QR-Software*)

Kurzbeschreibung:
Im Sinne der Selbstorganisation wird es immer wichtiger, dass Schüler lernen, ihre Arbeitsergebnisse mit Lösungen abzugleichen und zu verbessern. Erhöhen Sie den Anreiz bei Ihren Schülern, indem sie die Lösungen als QR-Codes mit dem Handy entschlüsseln müssen. Dabei handelt es sich um Grafiken, in denen Informationen verschlüsselt werden. Im Internet finden Sie Webseiten, auf denen Sie die Codes kostenlos erstellen können. Auch die Entschlüsselungssoftware fürs Handy kann man kostenlos im Internet erhalten.

Impulse:

- ✔ Laufdiktat in Deutsch: Die Satzbausteine werden entschlüsselt, abgeschrieben und in die richtige Reihenfolge gebracht.
- ✔ Im Geschichtsunterricht können Sie Jahreszahlen o.Ä. codieren.

Probieren Sie's aus: Was verschlüsselt der Code?

Vorbereitung:

Überlegen Sie sich, welche Informationen Sie verschlüsseln möchten. Bedenken Sie dabei, dass die Lösungen nicht länger als 250 Zeichen sein sollten, das verkompliziert sonst die Entschlüsselung des Codes. Bitten Sie die Schüler mit internetfähigen Handys, sich beispielsweise unter http://reader.kaywa.com, www.quickmarklive.com oder www.i-nigma.mobi einen kostenlosen Reader fürs Handy herunterzuladen. Die Schüler können dann in Gruppen arbeiten oder die Handys verleihen. Das setzt allerdings einen verantwortlichen Umgang damit voraus.

Ablauf:

1. Gehen Sie z.B. auf die Webseite http://qrcode.kaywa.com
2. Wählen Sie als Eingabeformat Text aus. Geben Sie den Text ein.
3. Danach klicken Sie auf *Generate*, und der QR-Code wird erstellt. Kopieren Sie ihn in ein Word-Dokument, und drucken Sie ihn aus. Sie haben auch die Möglichkeit, den *permalink* oder HTML-Code zu kopieren. So können Sie einen Link beispielsweise auf der Klassenhomepage erstellen.
4. Die Schüler sollen nun den Code abfotografieren. Er wird dann automatisch entschlüsselt.

36. Tafelbilder sichern

Medium: Digitalkamera

Kurzbeschreibung:
Im Unterricht erarbeitete Tafelbilder können Sie zur Weiterarbeit festhalten und sie den Schülern als zusätzliches Lernmaterial zur Verfügung zu stellen. Wahrscheinlich kennt die Situation jeder: Mitten in der Erstellung eines Tafelbildes ist die Stunde zu Ende. Sie haben nur fünf Minuten Zeit, um zu Ihrer nächsten Klasse zu kommen, und können es nicht abschreiben. Wer jetzt über ein interaktives Whiteboard verfügt, kann das Tafelbild einfach abspeichern und in der nächsten Stunde wieder hochladen. Doch was machen die Schulen bzw. Lehrer, die keine interaktive Tafel in der Klasse haben?
Ganz einfach, machen Sie einfach ein Bild mit der Digitalkamera.

Vorbereitung:
Nehmen Sie Ihre Digitalkamera mit in die Schule (zum Erwerb derselben siehe auch S. 143).

Ablauf:
Fotografieren Sie das Tafelbild aus verschiedenen Winkeln. Zu Hause laden Sie es sich auf den PC und legen es in dem dazugehörigen Ordner ab. Drucken Sie es sich als Vorlage aus, und arbeiten Sie in der nächsten Stunde daran weiter. Laden Sie das Tafelbild, wenn vorhanden, auf die Klassenhomepage, damit Ihre Schüler darauf Zugriff haben (siehe auch S. 68).

37. Lern-Apps selbst erstellen

Medium: PC, Internetzugang (www.LearningApps.org)

Kurzbeschreibung:
Eine App ist ein Programm, das auf Handys oder Tablet-PCs abspielbar ist. Die Vielfalt ist bereits sehr groß. Mit Apps kann man beispielsweise auf einem mobilen Gerät die Wettervorhersage abrufen, ein Navigationssystem aufrufen oder kleine Spiele spielen.

Lehrer und Schüler können aus einem großen Pool an vorgefertigten Apps auswählen, diese nach ihren Bedürfnissen mit Lerninhalten füllen und sie ggf. für andere bereitstellen. Sie können auch selbst Apps entwickeln.

Die Homepage www.LearningApps.org ist sehr übersichtlich gestaltet und bietet viele Informationen für Lehrer und Schüler, die das erste Mal auf der Seite sind und sich mit dem Erstellen von Apps vertraut machen wollen. Außerdem findet man ausführliche Anleitungen und eine Vielzahl an Unterrichtsideen.

Sie haben die Möglichkeit, Apps zu durchstöbern und, gezielt nach Fächern geordnet, bereits bestehende Apps zu nutzen. Viele wurden bereits von anderen Nutzern bewertet.

Sollten Sie keine App zu Ihren Inhalten finden, können Sie oder Ihre Schüler selbst Apps erstellen. Bevor Sie das tun, registrieren Sie sich (lediglich Benutzername, Passwort und eine E-Mail-Adresse werden benötigt), damit Sie Ihre Apps später auch abspeichern können.
Klicken Sie dann oben auf *App erstellen,* und wählen Sie aus den vielen verschiedenen Formaten aus.

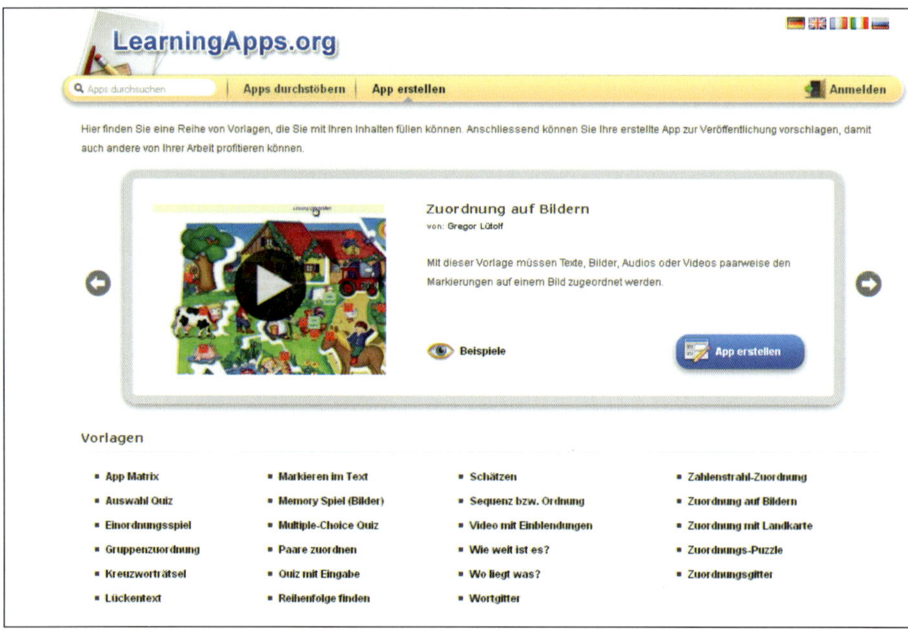

Die Auswahl an Formaten ist groß. Sie lassen nicht nur Text als Eingabe zu, sondern auch Audio-Dateien, Bilder oder Videos. So kann man ein *YouTube*™-Video ohne großen Aufwand verlinken (solange die App online betrieben wird, ist der Film zu sehen und kann durch die Verknüpfung genutzt werden, die Verknüpfung ist keine Vervielfältigung und kann daher ohne die

Verletzung des Urheberrechts genutzt werden). Beispielhaft soll hier die App *Wo liegt was?* dargestellt werden, bei der Sie auf einem Bild Markierungen setzen können, und die Schüler müssen dann im Wettstreit die Lage bestimmter Orte, Gegenstände etc. auf dem Bild lokalisieren.

Impulse:

- ✔ Besonders interessant wird es für Schüler, wenn sie ihre eigenen Apps zu einem Thema erstellen können, diese auf einer Seite gesammelt werden und im Anschluss alle damit üben können.
- ✔ Schüler können auch Apps zu einer selbsterstellten Präsentation erstellen, um im Anschluss das Verständnis der Mitschüler zu überprüfen. Das Erstellen einer solchen App intensiviert automatisch die Auseinandersetzung mit dem Lernstoff.

Ablauf:

1. Klicken Sie auf das Format *Wo liegt was?,* und füllen Sie die benötigten Felder. Zunächst brauchen Sie ein Bild oder eine Karte. Sie können etwas aus Ihrem eigenen Fundus nehmen oder ein Bild von Wikipedia wählen. Sie werden automatisch verbunden.

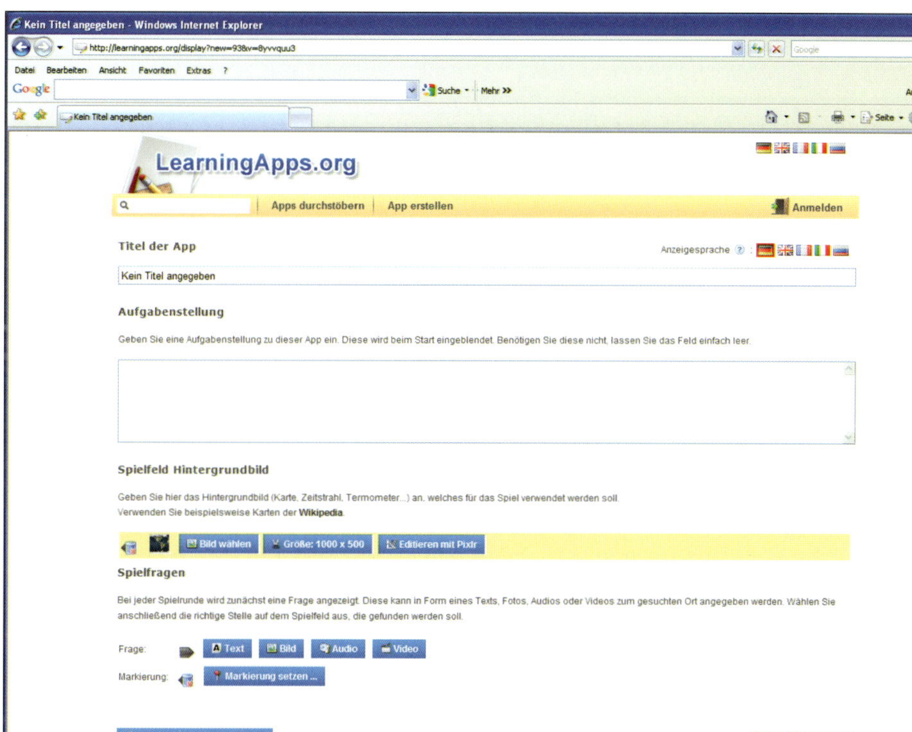

2. Danach geben Sie die Fragen ein. So können Sie eine Textfrage eingeben, ein erneutes Bild (z.B. können Sie ein Bild vom Eiffelturm einfügen, und die Schüler müssen anklicken, wo dieser steht), eine Melodie (versuchen Sie es einmal mit einer Weltkarte und den Nationalhymnen) oder auch ein Video.
3. Markieren Sie selbst für jede Frage, wo die Antwort auf der Karte liegt. Danach erhalten Sie eine Vorschau.
4. Speichern Sie die App ab. Dann erscheint sie nur in Ihrer eigenen (Online-)Sammlung. Sie können sie aber auch veröffentlichen und so auch anderen Nutzern zur Verfügung stellen.
5. Sie können die erstellten Apps entweder direkt von der Plattform nutzen, sofern Sie sie veröffentlicht haben. Dafür müssen sich die Schüler nicht einloggen. Oder Sie können sie mit Hilfe des automatisch generierten Einbettungscodes in Ihre Schulhomepage, die Lernplattform oder das Schulwiki einbetten. Eine weitere Möglichkeit ist es, den Link für die App an die Schüler weiterzuleiten. Sie finden unter jeder App die jeweilige Internetadresse. Sie können auch auf das E-Mail-Zeichen klicken, und Sie müssen nur noch einen Adressaten eingeben.

38. Vocablo

Medium: *Android*-basiertes Gerät (*Vocablo*)

Kurzbeschreibung:
Mit diesem Vokabeltrainer kann man das Lernen von Vokabeln digital durch Einsatz der bewährten Karteikasten-Methode erleichtern.

Vorbereitung:
Es wird ein *Android*-basiertes Gerät benötigt, wie etwa ein Smartphone.
Das Programm *Vocablo* lässt sich im *Google Play Store* in zwei Versionen herunterladen: kostenlos und kostenpflichtig. Die kostenpflichtige Version bietet zusätzliche Funktionen, wie etwa eine automatische Übersetzung von Vokabeln oder auch den Import und Export von Vokabellisten im *.csv- oder *.txt-Format (diese Formate erleichtern den Austausch in verschiedenen Programmen). Zunächst laden Sie bzw. Ihre Schüler sich das Programm *Vocablo* aus dem *Google Play Store* herunter. Die Installation erfolgt automatisch auf dem jeweiligen Gerät.

Sie oder Ihre Schüler starten *Vocablo* nun über das geladene Icon. Nun muss zunächst ein *Karteifach* erstellt werden. Klicken Sie dazu auf den Menüpunkt *Bibliothek* und dann auf die Menütaste Ihres Android-Geräts. Wählen Sie den Unterpunkt *Karteifach anlegen*, vergeben Sie einen Namen, und wählen Sie die beiden betreffenden Sprachen aus. Mit einem Klick auf *Karteifach speichern* legen Sie das Karteifach an.

Gehen Sie zurück ins Hauptmenü des Programms, und wählen Sie dort den Menüpunkt *Eingeben*. Es wird Ihnen eine Liste aller verfügbaren Karteifächer angezeigt. An dieser Stelle sollte das soeben erstellte Karteifach erscheinen. Wählen Sie dieses nun aus, indem Sie es anklicken. Die Eingabemaske für Vokabeln wird angezeigt. Bei der kostenlosen Version müssen die Begriffe in beiden Sprachen von Hand eingegeben werden, wohingegen bei der kostenpflichtigen Version das zuerst eingegebene Wort automatisch in die Zielsprache übersetzt werden kann.

Achtung: Für diese zusätzliche Funktion wird eine Datenverbindung benötigt, die zu weiteren Kosten führen kann, sofern keine Datenflatrate vorhanden ist!

Mit einem Klick auf *Speichern* sichern Sie die neue Vokabel.

Ablauf:

1. Um Vokabeln nun zu trainieren, wählen Sie im Hauptmenü den Menüpunkt *Abfragen*. Es wird erneut eine Liste aller verfügbaren Karteifächer angezeigt. Wählen Sie durch einen Klick das zu übende Karteifach aus.
2. Sie erhalten eine Übersicht darüber, wie viele Vokabeln sich in dem Karteifach befinden und in welcher Phase sie sind (siehe Punkt 3).
3. Wählen Sie die Abfragerichtung durch Klick auf die beiden Pfeile. Mit einem Klick auf *Abfrage beginnen* wird eine Abfragerunde gestartet. Jede Vokabel, die Sie als gewusst markieren, wandert eine Karteiablage (hier: eine Phase) weiter. Jede Vokabel, die Sie als falsch deklarieren, geht wieder zurück in die erste Karteiablage.

39. Online-Wörterbücher und Übersetzer

Medium: PC, Internetzugang (*leo.org*)

Kurzbeschreibung:
Ihre Schüler sollen unter den vielen Übersetzungsmöglichkeiten vertrauenswürdige Plattformen kennen- und benutzen lernen und allgemein ein kritisches Herangehen üben. Dabei haben sie die Möglichkeit, neuen Gebrauchsformen der jeweiligen Wörter zu begegnen und sie zu erlernen.

Jeder Fremdsprachenlehrer hat sicherlich schon einmal Bekanntschaft mit dem *Google-Übersetzer* gemacht. Vielleicht nicht als Benutzer, sicherlich aber indirekt in der einen oder anderen Schülerarbeit. Was auf den ersten Blick wie ein geniales Tool wirkt, hat doch seine Tücken und sorgt sowohl unter Lehrern (bei Korrekturen) als auch bei Schülern (in Form einer schlechten Note) für Frust: Der *Google-Übersetzer* bietet die Möglichkeit, ganze Textabschnitte einzugeben und sie übersetzen zu lassen. Gehen Sie doch einmal auf die Homepage http://translate.google.de, und geben Sie den Satz „Gestern lag ich am Strand und las ein Buch" ein. Es erscheint die Übersetzung „Yesterday I was lying on the beach and read a book." Jetzt machen Sie sich den Spaß, geben den gerade übersetzten englischen Satz nochmals ein und lassen ihn ins Deutsche zurückübersetzen: „Gestern war ich am Strand liegen und ein Buch lesen." Dies war ein recht einfacher Beispielsatz, es bleibt Ihrer Fantasie überlassen, wie sich der Übersetzer zu komplexeren Texten verhält. Das betrifft nicht nur die Fremdsprachen, auch für andere Fächer wird im Internet recherchiert, und nicht-deutschsprachige Fachartikel und Beiträge werden mit Hilfe eines solchen Tools übersetzt. Daraus entsteht sowohl ein sprachliches als auch ein fachliches Kauderwelsch, das kontraproduktiv zum Lernerwerb steht. Daher ist es umso wichtiger, auf die Tücken solcher Übersetzer hinzuweisen – am besten machen Sie ein paar Übungen gemeinsam im Unterricht – und den Schülern verlässliche Anlaufstellen im Internet zu nennen. Das Online-Wörterbuch Leo ist so eine Adresse. Vorausgesetzt allerdings, Sie schulen den kritischen und systematischen Umgang damit und gehen auch auf die Aussprache (von jedem Wort gibt es eine Audioversion) und die Wahl der richtigen Vokabel bei mehreren möglichen ein. Spannend ist sicher auch die Foren-Funktion: Hier werden von Nutzern Begriffe, ganze Sätze und idiomatische Ausdrücke diskutiert, die *Leo* selbst nicht übersetzen kann. Dieses eignet sich besonders für ältere Schüler. Hier findet man auch Fachvokabular und Begriffe, die kein direktes Pendant in der Fremdsprache haben.

Leo ist eine kostenlose Homepage von der Technischen Universität München. Hier können Sie mittlerweile sechs verschiedene Sprachen abrufen: Englisch, Französisch, Spanisch, Italienisch, Chinesisch und Russisch.

Impulse:

✔ *Einzelarbeit:* Führen Sie Ihre Schüler durch eine erste Recherche an *Leo* heran. Lassen Sie z.B. suchen, wie viele Übersetzungen es zu „gehen" gibt, sie müssen Phrasen finden, in denen „gehen" vorkommt, aber eine unterschiedliche Bedeutung hat (z.B. „Ich gehe in die Schule", „Es wird ihm gut gehen"). Besprechen Sie gemeinsam im Unterricht, was das für die Sprachmittlung bedeutet und wie sich Ihre Schüler diese Erkenntnisse für die Wortschatzarbeit zu Nutze machen können.

✔ *Gruppenarbeit:* Bereiten Sie eine Forenrecherche für die Klasse vor, dies kann z.B. in Form einer Gruppenarbeit geschehen. Bereiten Sie hierzu einen Text vor, in dem bestimmte Wörter eingesetzt werden müssen. Lassen Sie die Gruppen zuerst zu einem Begriff alle möglichen Übersetzungen heraussuchen und dann mit Hilfe der Forendiskussionen eine Entscheidung treffen, welche der von *Leo* angebotenen Übersetzungen die richtige für den Text ist. Das erfordert von Ihnen allerdings gründliche Vorbereitung. Besprechen Sie nicht nur die Ergebnisse, sondern insbesondere die Vorgehensweise, die zur Auswahl der Übersetzung geführt hat. Arbeiten Sie mit der Klasse gemeinsam an Kriterien, die bei der Auswahl helfen können.

✔ *Geheimtipp:* Ein besonderer Geheimtipp unter den Übersetzern ist Wikipedia. Suchen Sie auf der deutschen Seite nach dem Begriff, um den es geht. Dann schauen Sie in die linke Leiste. Hier gibt es den Link *Andere Sprachen*. Klicken Sie einmal darauf, und schon öffnen sich weitere Sprachen zur Auswahl. Wenn Sie jetzt auf *Français* gehen, erscheint der soeben auf Deutsch aufgerufene Beitrag auf Französisch, samt seiner Fachwörter und -ausdrücke.

Ablauf:

1. Rufen Sie die Homepage www.leo.org auf. Wählen Sie das Wörterbuch aus, mit dem Sie arbeiten wollen. Geben Sie jetzt in das Suchfeld den Begriff ein; ob auf Deutsch oder in der Fremdsprache, ist egal. Bestätigen Sie mit *Go*.

2. Leo bietet Ihnen neben einer Vielzahl von reinen Wortübersetzungen zusätzlich auch noch bekannte Phrasen an, in denen das gesuchte Wort benutzt wird.

40. Twitter

Medium: PC, Internetzugang (*Twitter*)

Kurzbeschreibung:
Ihre Schüler tauschen sich online auf einer beliebten Seite, einer Art sozialem Netzwerk, über schulische Inhalte aus. Eine Zeichenbeschränkung zwingt sie, sich kurz zu fassen und auf Wesentliches zu beschränken.

Impulse:

- ✔ Sammeln Sie in Deutsch erste Leseeindrücke einer Lektüre nicht über mündliche Beiträge in der Schule, sondern als *Tweets* Ihrer Schüler. Führen Sie ein Lesetagebuch nicht schriftlich, sondern über *Twitter*.
- ✔ Stellen Sie im Mathematikunterricht eine Knobelaufgabe, und verfolgen und kommentieren Sie über *Twitter* die einzelnen Rechenansätze und Lösungswege.
- ✔ Nutzen Sie *Twitter* für den Politikunterricht, indem Ihre Schüler aktuelle Nachrichten verfolgen und diese durch *Tweets* kommentieren.

Vorbereitung:
Twitter ist ein öffentliches Medium und kann von allen angeschaut bzw. gelesen werden. Daher ist es wichtig, dass Sie mit Ihren Schülern im Vorfeld über die allgemeinen Nutzungsbedingungen, Chancen und Risiken sprechen, aber auch Bedingungen für Ihren Unterricht festlegen und diese auch schriftlich in einem Vertrag festhalten.

Twittern, d.h. über kurze, für alle einsehbare Beiträge via *Twitter* kommunizieren, können Sie grundsätzlich in allen Fächern. Behalten Sie jedoch im Blick, dass ein einzelner Eintrag (= *Tweet*) nicht länger als 140 Zeichen sein kann.

Die Kontrolle von Hausaufgaben via *Twitter* wird zu einem Kinderspiel, da Sie über Ihr eigenes *Twitter*-Konto die Beiträge anderer Mitglieder verfolgen können und auf einen Blick erkennen, wer von Ihren Schülern mitarbeitet und wer nicht. Und so einfach geht es:

Ablauf:

1. Gehen Sie auf die Homepage www.twitter.com. Registrieren Sie sich als neuer Nutzer, indem Sie Ihren Namen, eine E-Mail-Adresse sowie ein Passwort eingeben und den Anmelde-Button klicken.
2. *Twitter* schlägt Ihnen nun einen Benutzernamen vor bzw. zeigt Ihnen Namen an, die noch nicht in Gebrauch sind. Wenn Sie einen ausgewählt

haben, sendet Ihnen *Twitter* eine E-Mail zur Bestätigung des eröffneten Kontos zu.

3. Richten Sie als Erstes Ihr Profil ein. Es ist ratsam, kein Foto, sondern etwas weniger Persönliches zu nehmen. Unter Einstellungen können Sie festlegen, ob Sie per E-Mail benachrichtigt werden wollen, wenn jemand einen *Tweet* hinterlassen hat.
4. Jetzt richten Sie ein, wessen *Tweets* Sie folgen wollen. Hierzu klicken Sie in der oberen Leiste auf *Wem folgen*. Suchen Sie entweder nach den Schüler-Profilen, oder laden Sie diese gezielt ein.
5. Über Nachrichten können Sie Mitteilungen direkt an bestimmte Personen versenden, z.B. einen Arbeitsauftrag an eine Gruppe.
6. Auf der Startseite unter der Rubrik *Listen* können Sie Schüler aus verschiedenen Klassen oder Kursen gruppieren und so die Verfolgung der einzelnen Projekte vereinfachen. *Twitter* hat ein ausgezeichnetes Hilfeprogramm, das Sie bei Einrichtung eines Accounts Schritt für Schritt durch die wichtigsten Schritte führt. Probieren Sie es aus.

> ***Tipp:*** *Wenn Ihre Schüler nicht wollen, dass Sie alles mitlesen, was sie privat twittern, können sie auch einen schulischen Extra-Account anlegen.*

41. Bloggen – ein Tagebuch im Internet führen

Medium: PC, Internetzugang (*Blogsoftware*)

Kurzbeschreibung:
Ihre Schüler stellen ihre Meinungen und Ansichten zu einem bestimmten Thema online, sodass sie für alle zugänglich sind. Unter *Bloggen* versteht man persönliche schriftliche Einträge, also mehr oder weniger Tagebucheinträge, auf einer öffentlich zugänglichen Internetseite. Das *Bloggen* bietet sich an, wenn Schüler sich über Inhalte austauschen sollen.

Impulse:

✔ Verlagern Sie ein Gruppenpuzzle von der Schule nach Hause, indem die Arbeitsergebnisse mittels des *Blog* für andere zugänglich werden.

- ✔ Bereiten Sie Buchbesprechungen vor, indem ein Schüler als Hausaufgabe ein (Teil)Kapitel mittels des *Blog* vorstellt und kommentiert. Die Übrigen können im Unterrichtsgespräch dann konkret darauf Bezug nehmen.
- ✔ Lassen Sie Beobachtungsaufgaben aus dem Biologieunterricht (z.B. „Wachstum eines Bohnenkeimlings") mit Hilfe des *Bloggens* dokumentieren. Zur Veranschaulichung können zusätzlich noch Bilder eingestellt werden.

Vorbereitung:
Bloggen können Sie auf entsprechenden Seiten im Internet oder aber auf der eigenen Homepage. Es empfiehlt sich daher, für Ihren Kurs eine solche einzurichten (siehe auch Seite 68). Sprechen Sie mit Ihren Schülern im Vorfeld über Bedingungen, Verhaltensweisen und formale Kriterien (Nameneintrag, Datum, Zeit, bis wann ein Auftrag erledigt sein muss) für den *Blog*, und halten Sie diese schriftlich fest.

Ablauf:

1. Richten Sie auf Ihrer Homepage einen Link *Blog* ein.
2. Räumen Sie Ihren Schülern eine Zugangsberechtigung ein, unter diesem Link etwas zu veröffentlichen. Alternativ können Sie sich von den Schülern den *Blog*-Eintrag auch per E-Mail schicken lassen und ihn selbst einstellen, sollten Sie die Zugangsberechtigung nicht aus der Hand geben wollen.
3. Stellen Sie eine möglichst konkrete Aufgabenstellung in den *Blog* ein. Verfolgen und kommentieren Sie die Beiträge Ihrer Schüler.

42. Elektronisch abstimmen

Medium: PC und Beamer/interaktives Whiteboard, Voting-Systeme (z.B. *Qwizdom®*)

Kurzbeschreibung:
Mit Abstimmungsgeräten können Sie alle Schüler zu etwas befragen oder Meinungsbilder einer Klasse schnell und unkompliziert einholen und für alle Mitschüler sichtbar machen. Schüler können Fragen, die der Lehrer stellt, gleichzeitig, oder mit individuellen Antworten in ihrer eigenen Geschwindigkeit beantworten.

Impulse:

- ✔ *Einschätzungen:* Sie können *Qwizdom®* zu Beginn Ihrer Stunde einsetzen und beispielsweise zunächst ein Meinungsbild der Klasse einholen: „Welches ist das größte soziale Netzwerk weltweit? – a) Twitter b) Facebook™ c) LinkedIn® d) YouTube™". Alle Schüler können eine erste Einschätzung abgeben, die Ergebnisse werden sofort an der Tafel anonym veröffentlicht, und eine Diskussion kann vom Schülerwissen ausgehen. Die Diskussion kann neue Erkenntnisse in Schülern wecken, und eine erneute Abstimmung führt vielleicht zu einem veränderten Ergebnis.
- ✔ *Wissensabfrage: Qwizdom®* kann aber auch zur Wissensüberprüfung genutzt werden. Fragen zu Inhalten vergangener Unterrichtsstunden, Hausaufgaben, Lektüren etc. lassen sich schnell und einfach erstellen. Sie können die Ergebnisse für diagnostische Zwecke mit in die Planung zukünftiger Stunden einfließen.
- ✔ *Feedback-Kultur:* Auch für ein Feedback zum Unterricht lässt sich *Qwizdom®* nutzen. Schüler können ehrlich Fragen zur Unterrichtsqualität beantworten. Mit den richtigen Fragen lässt sich anschließend ggf. der eigene Unterrichtsstil verbessern.
- ✔ *Statistiken:* In Mathematik können die verschiedenen grafischen Darstellungen der Antworten anhand der echten Schülerdaten analysiert und die Prozentzahlen innerhalb einer Klasse untersucht werden. Unmittelbar erfasste Daten wirken motivierend.
- ✔ *Wahlen:* Elektronische Abstimmungsgeräte können auch bei Wahlen (wie die Klassensprecherwahl oder das Einwählen in eine Gruppe für eine anschließende Gruppenarbeitsphase) eingesetzt werden.
- ✔ *Meinungsbilder:* Stellen Sie sich den Einsatz des Abstimmungsgerätes auf dem nächsten Elternabend vor. Jeder kann abstimmen und seine Meinung kundtun. Auch kritische Eltern werden so einbezogen, und Sie bekommen einen Gesamteindruck. In der Gesamtkonferenz kann mit dem Abstimmungsgerät jeder seine Zustimmung oder Ablehnung geben. Daten sind gleich für eine Excel-Aufarbeitung zugänglich.

Vorbereitung:
Um diese Methode durchzuführen, benötigen Sie für jeden Schüler ein elektronisches Abstimmungsgerät. Diese können gekauft, aber auch gemietet werden. Erkundigen Sie sich im Internet (z.B. unter www.qwizdom.de). Außerdem benötigen Sie ein Kontrollgerät für den Lehrer, einen USB-Empfänger, um die Eingaben der Abstimmungsgeräte schnurlos zu empfangen, und das Softwareprogramm. Bei *Qwizdom®* heißt diese Software *Actionpoint*.

Mit PC und Software müssen Sie zuvor die Fragen, die Sie stellen wollen, generieren. *Actionpoint* ist auf *PowerPoint* abgestimmt. Über Add-Ins (in der Menüleiste von *PowerPoint* zu finden) kann die Werkzeugleiste aus *Actionpoint* direkt in *PowerPoint* integriert werden. Daher erstellen Sie am besten zunächst eine *PowerPoint* Präsentation, in die Sie die Fragen integrieren. Auch während des Unterrichts kann man Fragen hinzufügen. Fragen können ganz unterschiedlich gestellt sein. *Qwizdom®* bietet Ihnen u.a. Ja/Nein-Fragen, Multiple-Choice-Antworten, Antworten per Eingabetext oder Wahr/Falsch-Aufgaben an.

Ablauf:

1. Rufen Sie die *PowerPoint*-Präsentation mit den Fragen auf.
2. Stellen Sie den Schülern Ihre erforderten Fragen.
3. Die Schüler geben über das Abstimmungsgerät individuell Antworten ab. Diese erscheinen zeitgleich oder zunächst verdeckt am Bildschirm.
4. Das Ergebnis kann diskutiert und ggf. auch revidiert werden.

43. Handy-Umfragen erstellen

Medium: PC, Internetzugang, Handys (*Umfragesoftware*)

Kurzbeschreibung:
Tragen Sie Meinungen schnell und anonym zusammen, ohne Stimmzettel auszuteilen, einzusammeln und auszuwerten. Meinungsumfragen lassen sich heute sehr einfach durchführen – mit einem SMS-*Poll*. Der Begriff kommt aus dem Englischen (*poll* = Abstimmung, Umfrage). Im Internet gibt es Anbieter, die ihre Dienste kostenlos zur Verfügung stellen. Lediglich die SMS-Gebühren fallen für die Benutzer an. Das müssen Sie mit den Schülern zuvor abklären; viele haben heute eine Flatrate und dürfen in diesem Rahmen eine gewisse Anzahl an SMS verschicken.

Impulse:

- ✔ Erstellen Sie in Sachkunde/Nawi ein Erwartungsbild zu einem Experiment.
- ✔ Lassen Sie in Deutsch Ihre Schüler darüber abstimmen, welche Lektüre Sie als Nächstes lesen wollen.

Vorbereitung:
Auf der englischen Webseite www.polleverywhere.com können Sie sich kostenlos anmelden und Ihre Abstimmung eintragen. Es können maximal 30 Leute an der Umfrage teilnehmen. Eine völlig kostenlose Alternative bietet die Webseite www.smspoll.net. Hier kann man auch über das Internet abstimmen, die Kosten für die SMS-Versendung entfallen. Allerdings können hier pro Umfrage nur 15 Leute, im Monat aber insgesamt 300 teilnehmen.

Ablauf:
Beispielhaft für die erste oben aufgeführte Variante:

1. Gehen Sie auf die Internetseite www.polleverywhere.com.
2. Erstellen Sie sich einen kostenlosen Account.
3. Geben Sie Ihre Daten ein, und stellen Sie als Standort Europa (Europe) ein.
4. Melden Sie sich bei Bedarf mit Benutzernamen und Passwort an.
5. Unter dem Navigationspunkt *Create a new poll* können Sie jetzt Ihre eigene SMS-Poll erstellen und diese unter *My Polls* anzeigen und verfolgen.
6. Erstellen Sie ein Informationsblatt für Ihre Schüler, auf der die Telefonnummer für die SMS sowie die Nummern für die jeweiligen Antworten notiert sind.

44. E-Portfolios

Medium: PC, Internetzugang (*E-Portfolio-Software*)

Kurzbeschreibung:
Ein Portfolio ermöglicht es dem Lernenden, Lernprozesse und -fortschritte sichtbar zu machen und darüber zu reflektieren. Außerdem dokumentiert er für Lehrer wie Schüler. Portfolios haben auch eine wertschätzende Funktion, denn Schüler können ihr Erlerntes selbst begutachten und präsentieren.
Ein E-Portfolio übernimmt die gleiche Aufgabe, nur dass es elektronisch gestaltet wird.

Impulse:

- ✔ Ganz klassisch kann beispielsweise ein *Praktikumsbericht* online entstehen. Der Lehrer kann schon während des Prozesses hineinschauen und erste Hinweise geben. Unterschiedliche Ordner können angelegt und so die verschiedenen Aspekte eines Betriebspraktikums abgedeckt werden. Es wird geübt, einen Lebenslauf zu gestalten und natürlich mit den elektronischen Medien umzugehen.
- ✔ In den *Fremdsprachen* dient ein E-Portfolio zunächst der Dokumentation des Lernfortschrittes. Wenn es klassenübergreifend geführt wird, können Schüler die unterschiedlichsten Ergebnisse wiederholt begutachten. Es können aber auch ganz persönliche Grammatikseiten entstehen und stetig erweitert werden, ohne dass man bereits Erlerntes aus den Augen verliert.
- ✔ In *Sachkunde/Nawi* können Experimente oder Naturbeobachtungen dokumentiert werden, indem diese gefilmt und dann mit den jeweiligen Beschreibungen und Reflektionen hochgeladen werden. Eine Verlinkung zu einem Experiment, welches auf *YouTube™* gezeigt wird, ist möglich etc.

Vorbereitung:

E-Portfolios gibt es in verschiedenen Ausführungen. Erkundigen Sie sich im Internet, und gleichen Sie die Möglichkeiten mit Ihren Anforderungen ab. Die folgenden zwei E-Portfolios haben sich im Unterricht bewährt.

- ✔ *Mahara* ist ein erprobtes Portfolio auf Open-Source-Grundlage, also öffentlich zugänglich und weiterentwickelbar. Es wurde vom neuseeländischen Bildungswesen erstellt und wird mittlerweile in vielen Ländern im Unterricht eingesetzt. Sie können sich *Mahara* kostenlos unter mahara.org herunterladen. Das E-Portfolio ist in englischer Sprache. Die deutsche Übersetzung der *Mahara*-Oberfläche kann zusätzlich installiert werden (unter mahara.de finden Sie Genaueres). Einmal installiert und mit Anmeldedaten versehen, können Sie oder Ihre Schüler das Programm nutzen und jederzeit von unterschiedlichen Orten daran arbeiten, vorausgesetzt, Sie haben einen Internetzugang.
- ✔ *Exabis* ist ein E-Portfolio, das sich in *Moodle™* (siehe hierfür Seite 65) integrieren lässt. Daher lässt sich wunderbar mit Schülern daran arbeiten, die die Strukturen von *Moodle™* bereits kennen. *Exabis* wird als Modul in *Moodle™* freigeschaltet, somit kann jeder Nutzer sein eigenes Portfolio starten und dieses auch innerhalb von *Moodle™* kursübergreifend gestalten.

Ablauf:
Die unterschiedlichen E-Portfolios unterscheiden sich in ihren jeweiligen Funktionen. Die Grundfunktionen sind jedoch bei allen E-Portfolios zu finden.

Die Schüler haben die Möglichkeit, Angaben zu ihrer Person zu machen, einen Lebenslauf zu erstellen und verschiedene Ordner zu füllen. In diese Ordner können Dokumente, Links, Videos, Fotos oder Audiodateien geladen werden.

Diese Ordner können unterschiedlichen Gruppen präsentiert werden. Es gibt die Möglichkeit, Einträge zu kommentieren und dem Lehrer zu präsentieren.

Vor allem erhalten aber die meist im Unterricht entstandenen Produkte einen ehrenwerten Platz, an dem sie immer wieder bewundert werden können.

Spiele und Rätsel

45. Lernspiele: Hot Potatoes™

Medium: PC, Internetzugang (*Hot Potatoes™*)

Kurzbeschreibung:
Mit diesem Lernprogramm können Schüler auf spielerische Weise auf einem bestimmten Wissensgebiet abgefragt werden. Schüler und in entsprechenden Lernplattformen auch Lehrer erhalten danach eine sofortige Rückmeldung über die erbrachte Leistung.

Impulse:

- ✔ *Vokabelabfrage:* Mit *JCloze* können Sie einen Lückentext erstellen und wichtige Vokabeln einsetzen lassen. Oder Sie erstellen eine Vokabelabfrage ganz klassisch mit *JMatch* und lassen deutsche und fremdsprachige Wörter verbinden. Schwieriger wird es, wenn Definitionen und Wortarten verbunden werden müssen.
- ✔ *Fachbegriffe:* Fachbegriffe in Sachkunde oder den Naturwissenschaften müssen genauso sitzen wie Vokabeln.
- ✔ *handlungsorientierte Schülerarbeit:* Besonders kreativ und effektiv wird es, wenn Sie die Schüler am Ende einer Unterrichtseinheit eigene Aufgaben erstellen lassen. So denken diese über das Gelernte nach, entwickeln im Anschluss Aufgaben und können außerdem eine Vielzahl weiterer Aufgaben von ihren Mitschülern lösen.

Vorbereitung:
Hot Potatoes™ ist ein kostenloses Programm zur Erstellung von kleinen Computerlernspielen. Es werden html-Seiten auf Basis der Programmiersprache *JavaScript* erstellt. Dafür müssen Sie sich die kostenlose Software (Freeware) der Firma *Half-Baked Software Inc* herunterladen (http://hotpot.uvic.ca), auf Ihrem Computer installieren und vorgehen wie auf der Webseite vorgegeben. Starten Sie dann das Programm, und es wird Ihnen eine Auswahl an vier Aufgabentypen geboten. Diese können Sie dann mit Ihren Materialien füllen. Lediglich die *Masher*-Funktion, mit der man verschiedene Aufgabentypen miteinander verknüpfen kann, ist kostenpflichtig.

Ablauf:
Füllen Sie als Autor die Lernaufgaben selbst. Im Folgenden werden die fünf verschiedenen Aufgabentypen vorgestellt. Bitte beachten Sie, dass die Vorgehensweise sich bei Programmaktualisierungen natürlich ändern kann.

✔ *JCloze* wird verwendet, um Lückentexte zu erstellen.

1. Öffnen Sie *JCloze*. In das Hauptfeld können Sie zunächst einen Text hineintippen oder -kopieren.

2. Danach wählen Sie die Lücken. Markieren Sie dafür das Wort, welches Sie als Lücke darstellen lassen möchten, und klicken Sie danach auf *Lücke*. Automatisch generiert das Programm an dieser Stelle eine Lücke. Verfahren Sie mit den weiteren Lücken genauso.

3. Klicken Sie danach auf *alle Lücken anzeigen*, werden den Schülern später die Inhalte der Lücken unsortiert angezeigt, ansonsten müssen die Schüler sie eigenständig einfüllen.

4. Nun speichern Sie die Aufgabe ab. Um sie auch in einem Browser anzeigen lassen zu können, müssen Sie die Datei ebenfalls als unveränderbare html-Datei abspeichern. Die Möglichkeit dazu finden Sie unter *Datei* auf *Webseite erstellen*. Speichern Sie sie an geeigneter Stelle zwischen, und laden Sie diese danach auf eine Internetseite, beispielsweise Ihre Schulhomepage oder eine Lernplattform, hoch. So haben die Schüler Zugriff darauf und können anfangen, zu üben.

✔ Mit *JQuiz* kann man Fragen stellen und diese von Schülern beantworten lassen – per Multiple Choice, Kurzantwort oder Mehrfachantwort.

1. Starten Sie zu Beginn *JQuiz*. Im oberen Bereich sehen Sie die Leiste, in die Sie die Frage eingeben können, darunter tippen Sie die möglichen Antworten ein und legen fest, welche davon Sie als richtig werten möchten.

2. Sie können auch einen Begleittext einfügen, z.B. als Basis zur Bearbeitung von Lesekompetenzaufgaben. Klicken Sie dafür auf das kleine Symbol mit dem aufgeschlagenen Buch, und tippen oder kopieren Sie Ihren Text hinein. Vergessen Sie nicht, das Häkchen bei *Begleittext einschließen* zu setzen, damit dieser später auch den Schülern angezeigt wird.

3. Dann speichern Sie die Datei wieder als Webseite ab.

✔ *JCross* ist eine Möglichkeit, interaktive Kreuzworträtsel für den Computer zu erstellen.

1. Öffnen Sie das Programm, klicken Sie auf Raster verwalten und dann auf *Automatische Rätselerstellung*. Hier können Sie jetzt Wörter einge-

ben und danach *auf Raster erstellen* klicken. Das Programm errechnet automatisch eine geeignete Verteilung der Wörter.

2. Wenn Sie die Wörter noch mit einer Definition versehen möchten, klicken Sie im Hauptfeld auf Definitionen und dann auf das gewünschte Wort. In dem Feld darunter können Sie einen Hinweis geben, der für dieses Wort erscheinen soll.

3. Auch diese Übung speichern Sie als Webseite. Wichtig ist, dass Webseiten später nicht mehr verändert werden können. Es ist ratsam, immer auch eine Originalkopie zu sichern. Falls sich Tippfehler eingeschlichen haben oder Sie die Aufgabe erweitern möchten, lassen sich so Änderungen vornehmen, ohne die ganze Aufgabe neu anlegen zu müssen.

✔ *JMix* ist ein Aufgabentyp, bei dem Teile in eine Reihenfolge gebracht werden müssen. *JMix* eignet sich besonders gut, um Sätze in Abschnitte zu teilen und diese dann ordnen zu lassen. Im Fremdsprachenunterricht, wo der Satzaufbau geübt werden muss, aber auch im deutschen Grammatikunterricht lässt sich diese Aufgabe gut einsetzen.

1. Öffnen Sie das Programm und erstellen Sie einen Lösungssatz.

2. Schreiben Sie alle Teile, die zusammen gezeigt werden sollen, in eine Zeile. Für jeden neuen Satzteil beginnen Sie eine neue Zeile.

3. Bei der Webseitenerstellung eignet sich die *Drag-and-Drop*-Darstellung, da es den Schülern so später leichter fällt, die Satzteile in die richtige Reihenfolge zu ziehen.

✔ *JMatch* lässt sich für Zuordnungsaufgaben verwenden (Vokabel/Übersetzung etc.).

1. Geben Sie, nachdem Sie das Programm geöffnet haben, auf der linken Seite die Elemente ein, die geordnet bleiben.

2. Auf der rechten Seite geben Sie die Elemente ein, die später durcheinander geraten sollen.

3. Danach können die Schüler die richtige Ordnung wieder herstellen. Mit dieser Aufgabe kann man Vokabeln, Mathematikaufgaben oder Definitionen abfragen. Auch hier ist wieder Ihre Kreativität gefragt, um das Potenzial der Aufgabenstellung voll auszuschöpfen.

Für alle *HotPotatoes*-Aufgaben können Sie das Erscheinungsbild ändern. Klicken Sie unter *Einstellungen* auf *Ausgabe konfigurieren*. Dort können Sie die Anweisungen in die jeweilige Sprache übersetzen, einen *Timer* einstellen oder die Farben ändern. Haben Sie eine Einstellung gefunden, die Ihnen gefällt, empfiehlt es sich, diese als „Rohform" zu speichern und dann zu Beginn einer neuen Aufgabe aufzurufen. So müssen Sie die Einstellungen, gerade im Sprachbereich, nicht immer wieder ändern.
Weitere Informationen auf der Homepage .

46. Spiele am interaktiven Whiteboard

Medium: Interaktives Whiteboard, Internet (Spiele/Software)

Kurzbeschreibung:
In den Schulen werden immer mehr interaktive Whiteboards installiert. Teilweise ersetzen sie die herkömmliche Kreidetafel. Schüler können daran in visuell gestalteten Welten Inhalte erkunden und bekommen durch vorprogrammierte Spiele eine sofortige Rückmeldung (auch negativer Art), die nicht über den Lehrer gesteuert wird. Schüler sind zu Hause oft bereits mit Spielkonsolen oder Computerspielen in Kontakt gekommen und sind somit mit derartigen Szenarien vertraut. Oftmals bemühen sie sich hier nochmals, die richtige Antwort zu finden, während sie dem Lehrer gegenüber meist nur einmal falsch antworten. Danach trauen sie sich nicht mehr.

Das Internet bietet eine Vielzahl an interaktiven Lernspielen für den Computer. Diese können Sie oftmals selbst mit Inhalten füllen (siehe S. 91). Oder Sie bedienen sich eines bereits in der Software Ihres Whiteboards vorhandenen Spiels.

www.ContentGenerator.net (englisch) bietet beispielsweise verschiedene *Flash*-Spiele an. Ein Beispiel ist *Half a Min*. Mit diesem Spiel können Sie einfach neu erlernte Begriffe und Vokabeln in einem hohen Tempo abfragen. Aber auch unter teachersdirect.co.uk finden Sie interaktive Spiele (ebenfalls englisch), die Sie gemeinsam mit einer Klasse an einem interaktiven Whiteboard spielen können. Deutsche Spiele u.ä. finden Sie hier: www.autenrieths.de/links/kidaktiv.htm

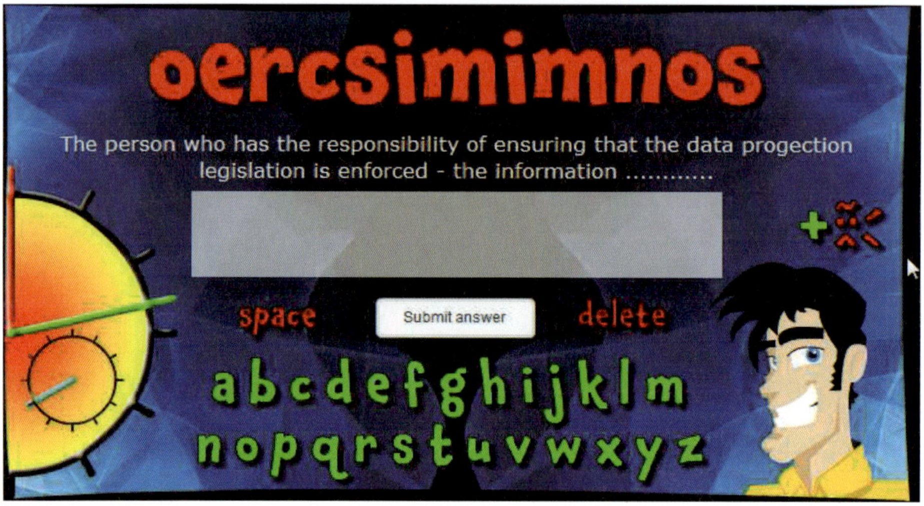

Vorbereitung:
Entscheiden Sie für sich selbst, mit welchen Spielen Sie sich am meisten anfreunden können, und füllen Sie diese mit Ihren eigenen Inhalten.

Durchführung:

1. Rufen Sie im Unterricht am Whiteboard die von Ihnen gestalteten Spiele auf, sei es nun ein *Wer wird Millionär*-Spiel oder das altbewährte *Galgenmännchen.*

2. Auch wenn es vielleicht so aussieht, als ob sich nur einer der Schüler vorne an der Tafel um die richtigen Antworten bemüht, so ist doch meistens die ganze Klasse involviert und fiebert mit, ob er die richtige Antwort zu geben weiß. Reduzieren Sie die Spiele auf wenige zentrale Begriffe, so werden sie kurzweilig, aber intensiv, und regen somit alle gleich zu Beginn der Stunde zum Mitdenken an.

Vorsicht: Spiele am Whiteboard können den Unterricht auflockern. Jedoch sollten Sie Ihre Schüler weit über *Drag and Drop, Multiple Choice* etc. hinaus fordern. Kreativität und Handlungsorientierung sollten keinesfalls zu kurz kommen. Nutzen Sie solche Spiele daher dosiert und effektiv.

47. Spannende Rätsel mit dem Puzzlemaker

Medium: PC, Internetzugang (*Puzzlemaker*)

Kurzbeschreibung:
Mit diesem kostenlosen Programm können Sie verschiedene sprachliche und rechnerische Puzzleformate kreieren, deren Inhalte speziell auf Ihren Unterricht zugeschnitten sind.

Impulse:

- ✔ Schaffen Sie einen schnellen Einstieg zu Unterrichtsbeginn, gerade dann, wenn noch nicht alle Schüler da sind. Die Rätsel können den Stoff der vorherigen Stunde wiederholen, die Kopfrechenfähigkeiten stärken oder die Rechtschreibung üben.
- ✔ Starten Sie Wettbewerbe: Wer findet zuerst alle Wörter oder löst alle Rechenaufgaben korrekt?
- ✔ Zum Unterrichtsende können Sie die Rätsel zur Festigung und Abfrage des Unterrichtsinhaltes nutzen.

Vorbereitung:
Puzzlemaker ist eine kostenlose englische Webseite (www.discoveryeducation.com/free-puzzlemaker/). Rufen Sie diese auf. Wenn Sie mit der Maus auf einen der Puzzlenamen gehen, öffnet sich ein Vorschau-Fenster, das Ihnen eine Idee der Puzzleart gibt, welche sich dahinter verbirgt. Sie können z.B. ein Kreuzworträtsel, ein Wortsuchspiel, verdrehte Wörter, Labyrinthaufgaben, Matherätsel etc. erstellen. Die kleinen Rätsel sind schnell gemacht und müssen dann lediglich für jeden Schüler kopiert werden. Oftmals reicht es, wenn Sie diese in einem DIN-A6-Format erstellen.

Ablauf:
Klicken Sie mit der Maus auf einen der Puzzlenamen. Es öffnet sich ein neues Fenster, das Sie Schritt für Schritt durch die Erstellung des Puzzles führt. Im Beispiel des *Word Searchs* (Gitterrätsel) geben Sie zuerst den Titel des Puzzles ein. Danach legen Sie die Größe des Rätsels fest. Nun wählen Sie aus, wie oft sich die im Gitter versteckten Wörter kreuzen sollen (nie, manchmal, so oft wie möglich). Im nächsten Schritt wählen Sie das Format, in dem das Puzzle erstellt werden soll. Benutzen Sie immer Text, da das Puzzle dann kopiert und in ein anderes Format, wie z.B. Word, eingefügt werden kann. So können auch Schriftart und -größe nochmals verändert und das Puzzle abgespeichert und mit Arbeitsanweisungen versehen werden. Schreiben Sie die zu versteckenden

Wörter unter *Step 5* in die Box. Wichtig ist, dass Sie die Wörter durch Kommas, Leerzeichen oder mit dem Beginnen einer neuen Zeile voneinander trennen, da das Programm sonst nicht erkennen kann, dass ein neues Wort begonnen wird. Klicken Sie auf *Create my puzzle*, und das Rätsel wird erstellt. Über die rechte Maustaste können Sie es kopieren, speichern etc.

48. Spielkonsolen

Medium: Spielkonsolen (Spiele)

Kurzbeschreibung:
In ihrer Freizeit beschäftigt sich ein Großteil der Schüler ohnehin mit Spielkonsolen – warum also nicht den motivierenden Effekt für schulische Zwecke nutzen? Mit einer gezielten Auswahl von Spielen sollen Schüler auf spielerische Weise Fähigkeiten, wie z.B. logisches Denken, schulen. Für den Fremdsprachenunterricht können Spiele aus anderen Ländern zusätzlich Lese- und Hörverstehen fördern und den Wortschatz erweitern.

Impulse:

- ✔ Lassen Sie Ihre Schüler in Deutsch einen Spielebericht schreiben, der z.B. auch in der Schülerzeitung veröffentlicht werden kann.
- ✔ Nutzen Sie die Spiele im Fremdsprachenunterricht als Sprechanlässe und bitten Sie Ihre Schüler, ihre Meinung über das Spiel kundzutun, z.B. im Rahmen eines *Game of the week*.
- ✔ Planen Sie auf der Klassenfeier ein kleines Turnier zwischen Schülern, Eltern und Lehrern. Dies baut Berührungsängste ab und zeigt auch den Älteren unter uns, warum Spielkonsolen so beliebt sind und was sie wirklich leisten können.

Vorbereitung:
Informieren Sie sich bei Schülern und auf kostenlosen Internetportalen (z.B. *Amazon*) über neue und beliebte Spiele. Lesen Sie sich die Beschreibungen durch, und lassen Sie sich von den Schülern erklären, worum es in den Spielen geht. Neben offensichtlichen Lernspielen, wie verschiedenen Mathe-, Englisch- oder Deutschtrainern, gibt es durchaus auch Spiele, die logisches Denken fordern und fördern. Für die Konsole *Nintendo® DS* gibt es z.B. die Reihe um *Professor Layton*, die durch viele Rätsel und Knobeleien immer wieder das Denken anregt und herausfordert. Für den besonderen Kick die englische Version wählen: Dies fördert das fremdsprachliche Hör- und Leseverstehen der

Schüler und hat den Vorteil, dass viele Spiele in den USA oder Großbritannien bereits vor dem deutschen Erscheinungsdatum auf den Markt kommen. Lassen Sie die Schüler, die eine Konsole besitzen, diese mitbringen, dann können sich die Schüler daran abwechseln. (Klären Sie vorher die Haftung und holen Sie sich eine Genehmigung der Eltern ein, siehe S. 4!) Nachteil: Konsolen wie Spiele sind relativ teuer!

Ablauf:
Sprechen Sie gemeinsam mit Schülern und Eltern über eine sinnvolle Auswahl an Spielen, und räumen Sie deren Besprechung im Unterricht einen Platz ein. Das eigentliche Spielen kann im Rahmen einer kurzen Einheit, eines Aktionstages oder in der Projektwoche stattfinden.

49. Schatzsuche mit dem Handy – Geocaching

Medium: *GPS*-fähige Handys (GPS = Global Positioning System), PC, Internetzugang

Kurzbeschreibung:
Ihre Schüler lernen, sich mit Hilfe von Karten und Kompass im freien Gelände zu orientieren.
Was als ein Spaß unter Freunden begann, ist mittlerweile ein weltweites Hobby geworden – das *Geocaching*. Es eignet sich auch für eine Geografie-Einheit oder einen Klassenausflug. *Geocaching* ist aber eher etwas für ältere Schüler und Handy-Profis. An einem freigewählten Ort werden in einem wasserdichten Behälter ein Schatz und ein Logbuch versteckt. Der „Verstecker" ermittelt die *GPS*-Daten, also die entsprechenden Koordinaten, und stellt sie auf einer der zahlreichen Geocache-Webseiten ins Netz. Der Finder trägt sich ins Logbuch ein und lässt für den nächsten Suchenden einen neuen Schatz dort. Auf der Homepage kann er eintragen, dass er den Schatz gefunden hat.

Vorbereitung:
Um das *Geocachen* in den Unterricht einzubauen, benötigen Sie *GPS*-fähige Handys. Da Sie Gruppen losschicken, genügen schon vier bis fünf davon. Klären Sie vorher immer die Haftung ab, und informieren Sie die Eltern. Die Software, um solche Schätze (*Caches*) zu verwalten und zu orten, kann man kostenlos im Internet herunterladen. Den kostenlosen Download für *Cache-*

wolf finden Sie z.B. unter www.cachewolf.de. Allgemeine Infos gibt's unter www.geocaching.de.

Ablauf:

1. Teilen Sie die Schüler in Gruppen ein, und geben Sie den Gruppen ein leeres Blatt mit eingemaltem Standpunkt und *GPS*-Daten. Grenzen Sie das Gebiet für die Schatzsuche ein.
2. Lassen Sie die Schüler die Karte vervollständigen, indem sie eine Skizze vom Gelände machen.
3. Jetzt verstecken die Gruppen ihren Schatz und lassen sich die GPS-Daten auf ihr Handy übermitteln. Um die ersten Suchen zu vereinfachen, können noch zwei bis drei Fotos vom Schatzpunkt gemacht und hochgeladen werden.
4. Bei *Cachewolf* muss das Versteck als Wegepunkt erstellt werden. Das kann auch andere Schatzsucher anlocken, allerdings ist das bei begrenztem zeitlichen Rahmen eher unwahrscheinlich. Sie können auch im Kommentar angeben, dass es sich um eine private Suche handelt.
5. Nun tauschen die Gruppen untereinander die Handys, und die Suche beginnt.

4

Schüler werden aktiv

Schüler im Netz

50. Webquests

Medium: PC, Internetzugang

Kurzbeschreibung:
Webquests kann man als elektronische Schnitzeljagd nach Informationen übersetzen. Die Schüler erhalten Aufgabenstellungen und bekommen dafür Webseiten angegeben, auf denen sie die Antworten finden.

Vorbereitung:
Sie können ein *Webquest* selbst vorbereiten, indem Sie zu Ihrem Unterrichtsthema nach geeigneten Webseiten suchen und sich Arbeitsaufträge dazu überlegen. Diese können Sie z.B. auf die Klassenhomepage stellen (siehe auch S. 68) und mit den Webseiten verlinken. Das hat den Vorteil, dass Ihre Schüler die Links einfach nur anklicken und nicht die ganze Adresse ins Internet eingeben müssen. Gerade bei jüngeren Schülern schleichen sich oft Fehler ein. Alternativ finden Sie im Internet bereits viele ausgearbeitete *Webquests* von Kollegen in vielen unterschiedlichen Fächern. Schauen Sie einfach mal bei www.webquests.de vorbei. Links zu gelungenen Webquests auch auf der Homepage .

Ablauf:
1. Planen Sie Ihre Unterrichtseinheit.
2. Recherchieren Sie im Internet nach geeigneten Seiten, die zu Ihrer Einheit passen. Alternativ können Sie auch nach einem bereits bestehenden *Webquest* suchen.
3. Formulieren Sie nun konkrete Arbeitsaufträge zu den Seiten, und stellen Sie diese z.B. auf die Homepage der Klasse.
4. Fügen Sie zu den jeweiligen Arbeitsaufträgen den Link zur Webseite mit ein.
5. Lassen Sie Ihre Schüler loslegen.

51. Elektronische Schulpartnerschaften

Medium: PC, Internetzugang (*eTwinning*)

Kurzbeschreibung:
Mit *eTwinning* können Sie und Ihre Schüler gemeinsam mit einer anderen Klasse in Europa ein Projekt durchführen. Dies geschieht in einem virtuellen Klassenraum, ohne dass man das jeweils andere Land bereisen muss. Der Austausch ist kostenlos und wird durch eine Vielzahl an Unterrichtswerkzeugen gestützt.

Impulse:
Der Einsatz der Plattform ist nicht fachbegrenzt. Die Projekte, die angeboten werden/angeboten werden können, sind vielseitig und decken viele verschiedene Altersgruppen und Themenbereiche ab. Melden Sie ein Projekt an, und hoffen Sie darauf, dass ein Kollege in einer anderen europäischen Schule ebenfalls Lust darauf hat. Und schon kann es losgehen. Hier sollen einige Projekte exemplarisch genannt werden. Diese und noch viele mehr lassen sich auf der *eTwinning* Plattform finden.

- ✔ In Zusammenarbeit mit einer italienischen Schule kann im Kunstunterricht der römische Einfluss auf die Architektur in Deutschland erarbeitet werden. Schüler aus Italien und Deutschland vergleichen Gebäude miteinander und entwerfen ein Nachschlagewerk mit Fotos zu den architektonischen Begebenheiten.
- ✔ Sie können in den Naturwissenschaften den Prozess der Genforschung mit einem anderen Land erarbeiten und dann gemeinsam über ethische Folgen diskutieren. Siehe dazu auch S. 119.
- ✔ Schreiben Sie im Sprachunterricht einen Gedichtwettbewerb aus. Schüler präsentieren ihr eigenes Werk als Text, Video, Audiodatei oder Bild auf der Plattform. Alle können mitdiskutieren und abstimmen, wer der oder die Beste ist.

Dies soll nur einen kleinen Vorgeschmack auf die Möglichkeiten von *eTwinning* geben. Ihrer Vorstellung sind keine Grenzen gesetzt. Sollten Sie aber keine Ideen haben und trotzdem diesen Austausch erfahren wollen, so bietet *eTwinning* auch vorgefertigte Module an, die Sie nutzen können.

Vorbereitung:
Bevor Sie die Arbeit mit einer Partnerklasse aufnehmen können, müssen Sie sich bei *eTwinning* registrieren (www.etwinning.de) und entweder ein bereits angebotenes Projekt aussuchen oder eine Beschreibung erstellen und auf einen Projektteilnehmer warten. Gehen Sie das angebotene Praxishand-

buch für Lehrkräfte sorgfältig durch. Hier finden Sie auch eine detaillierte Anleitung zu allen Werkzeugen.

Bevor Sie mit der Partnerklasse auf der elektronischen Plattform arbeiten können, müssen Sie mit dem Partnerlehrer ein Konzept erarbeiten, welches Sie verfolgen möchten. Sie bestimmen, in welcher europäischen Sprache das Projekt durchgeführt werden soll. Erstellen Sie dann die einzelnen Aufgaben auf Ihrem *TwinSpace*, dem gemeinsamen virtuellen Arbeitsplatz. Dieser *TwinSpace* ist nur für die im Projekt registrierten Teilnehmer sichtbar.

Ablauf:

1. Besprechen Sie die Aufgaben gemeinsam mit Ihren Schülern, oder lassen Sie die Schüler die Aufgaben selbstständig erkunden.

2. Die Schüler arbeiten individuell oder in Gruppen und treten über die Plattform mit der Partnerklasse in Kontakt.

3. Die Schüler erarbeiten gemeinsam das Ergebnis. Hierfür stehen ihnen verschiedene Werkzeuge zur Verfügung:
   - ✔ Das *Forum*, die *Mailbox* und der *Chat* bieten drei verschiedene Möglichkeiten, um mit der Partnerklasse in Kontakt zu treten und sich auszutauschen. Dabei lässt sich der *Chat* auch gut für Livegespräche nutzen, die im Unterricht geführt werden können.
   - ✔ Der *Blog* kann prima genutzt werden, um zu dokumentieren, wie sich das Projekt entwickelt. Meinungen und Fortschritte können ausgetauscht und von allen kommentiert werden.
   - ✔ Über das *Wiki* können Schüler Ergebnisse gemeinsam bearbeiten. Sie legen eine Art Nachschlagewerk an und können thematisch Arbeiten sortieren und erweitern.
   - ✔ Auf einer *Webseite* können Sie auch für nicht registrierte Nutzer die Ergebnisse veröffentlichen und so einem größeren Publikum zur Verfügung stellen.
   - ✔ Gemeinsame Arbeitsblätter, Präsentationen, Fotos, Audio- und Videodateien können hochgeladen und den Teilnehmern zugänglich gemacht werden.
   - ✔ Schüler- und Lehrerbereiche sind untergliedert in Schülerecke und *Konferenzzimmer.* So können auch die Lehrer unter sich in Kontakt treten und zeit- und ortsunabhängig miteinander Unterricht planen, Ergebnisse auswerten oder einfach nur Erfahrungen austauschen.

52. Science across the World

Medium: PC, Internetzugang (*Science across the world*)

Kurzbeschreibung:
Science across the World ist eine kostenlose Homepage, auf der Lehrer aus aller Welt Unterrichtsmaterialien zu naturwissenschaftlichen Themen in verschiedenen Sprachen eingestellt haben. Alle Materialen sind auf Englisch zu bekommen, es gibt aber auch Themen auf Deutsch. Die Idee dahinter ist, gemeinsam mit der eigenen Klasse an einem der Themen zu arbeiten und sich dann über die Homepage eine Austauschklasse irgendwo auf der Welt zu suchen, die sich mit dem gleichen Thema beschäftigt hat, um Ergebnisse auszutauschen und zu vergleichen. Siehe dazu auch S. 117.

Impulse:
- ✔ Erweitern Sie Ihre Botanikeinheit in Biologie für kleinere (*Plants and me*) und größere Schüler (*How plants grow*) um eine weitere Komponente.
- ✔ Mit der Einheit *Chemistry in our lives* verdeutlichen Sie den Schülern, warum Chemie in unserem Leben so eine wichtige Rolle spielt.
- ✔ Entscheiden Sie sich für Material in einer der zahlreichen Fremdsprachen.

Vorbereitung:
Gehen Sie auf die Homepage www.ase.org.uk/resources/science-across-the-world. Hier finden Sie unter dem grün hinterlegten Feld mehrere Möglichkeiten, sich zu informieren. Wenn Sie wissen möchten, welche Themen auf Deutsch zur Verfügung stehen, dann klicken Sie auf *Languages*. Wenn Sie dort ein Thema gefunden haben, das Sie interessiert, dann klicken Sie auf *The topics*. Wenn Sie dort ein Thema auswählen, öffnet sich automatisch eine neue Seite, auf der Sie die vorhandenen Materialien im PDF-Format herunterladen können. Wollen Sie sich mit einer anderen Klasse über die erarbeiteten Resultate austauschen, empfiehlt es sich, bereits im Vorfeld einen Austauschpartner zu suchen, damit Sie mit Ihrem Kollegen Zeitpunkt und Ziele des Austauschs absprechen können. Klicken Sie hierzu auf *Finding exchange partners*.

Ablauf:
Bearbeiten Sie mit Ihren Schülern die Materialien, und tragen Sie die Ergebnisse zusammen. Füllen Sie das Austauschformular aus, und schicken Sie es an die Partnerschule. Darauf stehen Daten über Schule, Klasse, Lehrer. Im Gegenzug sollten Sie von Ihrer Partnerschule auch ein solches Formular erhalten.

Der Zeitpunkt des Austauschs sowie die gemeinsame „Amtssprache" werden individuell zwischen den Lehrpersonen vereinbart.

Alternativ können Sie für dieses Projekt eine Homepage oder einen Blog erstellen (siehe auch S. 68/99). Besprechen Sie mit den Schülern die Ergebnisse und arbeiten ggf. daran weiter. Ermutigen Sie Ihre Schüler, mit den Schülern der anderen Schule in Kontakt zu treten, z.B. via E-Mail, SMS oder Skype.

Lernhilfen

53. Unterwegs mit dem Handy lernen – Lernkarteien erstellen

Medium: Handys

Kurzbeschreibung:
Ihre Schüler erstellen mit Hilfe des Handys digitale Lernkarteien, die sie immer und überall hin mitnehmen und zum Lernen nutzen können. Kaum ist der Unterricht zu Ende, kramen sie sowieso in ihren Taschen und holen das Handy heraus. Ob in Bus, Bahn oder Auto, überall haben sie es parat.

Warum die Zeit nicht dazu nutzen, den Stoff für die nächste Klassenarbeit zu wiederholen? Lernkarten kennt sicherlich jeder von Ihnen in Papierform – die sind schnell vergessen oder verloren. Das Handy jedoch nicht. Alles, was die Schüler benötigen, ist ein Handy mit Foto-Funktion.

Die Lernkarten lassen sich für jedes Fach erstellen.

> Auf der Webseite www.blacklabs.de gibt es professionell erstellte, kostenpflichtige Lernkarten-Pakete und Apps. Die App *Mein Bilderwörterbuch* enthält 400 Begriffe in Englisch, Deutsch, Französisch und Spanisch und in Wort, Ton und Bild für das spielerische Lernen – allein oder im Wettbewerb.

Ablauf:

1. Lassen Sie Ihre Schüler Lernkarten erstellen (eine Frage auf die eine, eine Antwort auf die nächste Karte). Achten Sie darauf, dass groß und deutlich geschrieben wird.
2. Nun werden die Karten abfotografiert. Erinnern Sie Ihre Schüler an die richtige Reihenfolge: erst die Frage und dann die Antwort.
3. Die Schüler können die Bildkärtchen auf ihrem Handy nun sortieren und ordnen.
4. Das Lernen kann beginnen.

54. Podcasts

Medium: PC, Internetzugang, digitales Aufnahmegerät (Freeware)

Kurzbeschreibung:
Podcasts sind kurze Audio- oder Videodateien, die aus dem Internet heruntergeladen werden können. Sie können auch abonniert und z.B. auf einem Computer gesammelt werden. Sie lassen sich rezeptiv, aber auch produktiv im Unterricht nutzen: Sie können dazu dienen, Sprach- und Videomaterial zu analysieren, man kann Podcasts aber auch selbst mit Schülern produzieren.

Der Einsatz von Podcasts im Unterricht ist vielfältig und bei Weitem nicht nur – wenn auch klassisch – im Fremdsprachenunterricht zu finden. Das Erstellen von Videopodcasts kann sehr zeitintensiv sein und einiges an technischem Vorwissen verlangen. Audiopodcasts eignen sich besonders für eher schüchterne Schüler, denn diese können in einem sicheren Raum zunächst für sich proben, eh sie ihre Ergebnisse veröffentlichen. Zudem schulen Audiopodcasts das Zuhören und somit auch die Konzentration bei den Schülern.

Impulse:

- ✔ Nachrichten lassen sich von den verschiedensten Fernsehsendern, auch ausländischen, abonnieren und somit in den Unterricht bringen. Die Schüler können ganz gezielt vom Lehrer ausgewähltes Material anschauen/-hören und erarbeiten. Die Einheiten sind kurz gehalten und werden ständig aktualisiert. Authentizität und Relevanz ziehen automatisch in den Unterricht ein.
- ✔ Die klassischen Hörverstehensaufgaben sind nicht wegzudenken aus dem Fremdsprachenunterricht, Podcasts eignen sich besonders für diese Aktivität.
- ✔ Schülern können zu Reportern gemacht werden und über den Schulalltag oder andere tagesaktuelle Themen berichten. Dafür interviewt, wie bei den den Schülern bekannten Nachrichtensendungen, ein Team Passanten oder Mitschüler zu unterrichtsrelevanten Themen. So können Menschen in der Fußgängerzone zur Umweltpolitik in der jeweiligen Stadt oder schulintern Mitschüler auf dem Pausenhof über die Neugestaltung der Schulaula befragt werden. Dies kann über das Internet allen verfügbar gemacht werden. Auch Zeitzeugen und somit die Geschichte können hier ihren Live-Einsatz finden und durch die Aufnahme in den Unterricht gelangen.

- ✔ Im kreativen Bereich kann es eine klassenorientierte Herausforderung sein, beispielsweise eine in der Schule gemeinsam begonnene Geschichte in Episoden von den Schülern weitererzählen zu lassen. Erarbeiten Sie z.B. die Kriterien für eine Kriminalgeschichte, können die Schüler diese dann in einem kreativen Prozess erarbeiten und einsetzen. Jeder Schüler kann eine Episode weitererzählen. Das setzt das Anhören der von den Mitschülern produzierten Materialien voraus und motiviert die Schüler zu eigenem kreativen Handeln. Zudem entsteht ein gemeinschaftliches Projekt, welches beispielsweise auch als Adventskalendergeschichte der gesamten Schulgemeinschaft zur Verfügung gestellt werden kann.
- ✔ Neben den traditionell schriftlichen Hausaufgaben erlauben es Podcasts, mündliche Hausaufgaben festzuhalten und diese zu veröffentlichen. So kann dann im Deutschunterricht auch wirklich das Vortragen geübt und im Fremdsprachenunterricht die Aussprache trainiert werden.

Weiteres:

- ✔ ein Hörspiel verfassen
- ✔ für den Vorlesewettbewerb üben
- ✔ einen Audioguide für eine Kunstausstellung erarbeiten
- ✔ Geräusche sammeln
- ✔ ein Videotagebuch führen
- ✔ Bilderbücher abfilmen und vertonen

> **Achtung:** Da Sie hier mit Audio- und Bildmaterial arbeiten, müssen Sie sich besonders über die rechtlichen Grundlagen bewusst sein. Es ist nicht ohne Einwilligung erlaubt, Personen zu filmen/aufzunehmen und das dann im Internet zu publizieren. Auch Musik unterliegt rechtlichen Bestimmungen. Lesen Sie dafür den Artikel zum Urheberrecht (S. 50), und informieren Sie sich ausreichend über Urheber- und Persönlichkeitsrechte.

Vorbereitung:
Die Internetseite www.schulpodcasting.info, von zwei Lehrern aus Deutschland erstellt, bietet einen umfangreichen und sehr ausführlichen Überblick mit Anleitungen und Kommentaren zu verschiedensten Programmen und Projekten. Ein lohnenswerter Einstieg in die Arbeit mit Podcasts.

Zum Abspielen benötigen Sie eine entsprechende Software. *Apple iTunes* ist wohl die bekannteste Plattform, die das ermöglicht. Im *iTunes-Store* können

Podcasts heruntergeladen werden. Dort befindet sich ganz gezielt auch eine Kategorie *Podcasts*. Geben Sie in die Suchmaschine Ihr gewünschtes Themengebiet ein, und es wird von privaten bis hin zu Podcasts öffentlicher Fernsehsender eine Auswahl angeboten. Meist stehen die Clips kostenlos zum Download bereit. Abonnieren Sie diese, und die Podcasts wandern automatisch in Ihren Podcast-Ordner in Ihrem *iTunes*-Programm. Alternativ zu *iTunes* gibt es auch andere Programme, z.B. *Juice* (http://juicereceiver.sourceforge.net).

Eine große Auswahl an fertigen Podcasts, auch für die Fremdsprachen, finden Sie:

- ✔ auf der Seite der *Deutschen Welle* unter *Podcasting*,
- ✔ auf den Seiten der *ARD, ZDF* und *BBC* (gerade hier haben sich schülerorientierte Sendungen, wie *Willi wills wissen,* bewährt, um komplexe Themen einfach darzustellen und einen ersten Zugang zu erhalten),
- ✔ unter www.eslpod.com für den Englischunterricht,
- ✔ ein allgemeines Angebot bietet www.podster.de an.

Wo immer Sie das Podcast-Symbol finden, wird es auch einen Button mit der Möglichkeit, diese zu abonnieren, geben. Das bedeutet, dass Sie in Ihrem zuvor installierten Programm automatisch alle neuen Podcasts der jeweiligen Seite vorfinden, ohne die Internetseite jedes Mal aufrufen zu müssen. So können Sie sich z.B. die neuesten Podcasts des *ZDF Außenspiegels* automatisch speichern lassen und zu einem späteren Zeitpunkt das Material sichten.

Ablauf:
Um Podcasts zu produzieren und zu veröffentlichen, brauchen Sie Aufnahmegeräte, einen Server (die meisten Schulen betreiben mittlerweile einen Server) bzw. eine Homepage und eine *RSS*-Datei.

Diese können Sie mit einem Programm erstellen. Dafür benötigen Sie das aufgenommene Material und eine Software, die dieses in *RSS-Feeds* umwandeln kann. Eine genaue Beschreibung und Anleitung (auch für *iTunes*) finden Sie auf www.podster.de

In jedem Fall müssen Sie sich mit dem Web-Beauftragten Ihrer Schule in Verbindung setzen, damit das Einrichten auf dem Schulserver bzw. das Hochladen auf der Homepage möglich wird.

Kreative Lernprozesse

55. SMS-Ketten

Medium: Handys, *Bluetooth®* zur Datenübertragung, PC, ggf. Datenträger

Kurzbeschreibung:
Die Schüler lernen, sich auf Grund der begrenzten Zeichenzahl kurz zu fassen, und bringen ihre Arbeit auf den Punkt.

Impulse:

- ✔ In Mathematik können Sie die altbekannte Rechenkette mobilisieren. Erstellen Sie eine Rechenaufgabe, und schicken Sie diese an einen Schüler weiter. Dieser muss mit dem Ergebnis eine neue Aufgabe bilden und verschicken.
- ✔ Setzen Sie in Ihrer nächsten Gedichteinheit einen Schwerpunkt auf „mobile Lyrik". Lassen Sie Ihre Schüler kurze Gedichte schreiben und diese an Sie simsen. Alternativ kann auch hier eine Kette gebildet werden. Der Schüler, der ein SMS-Gedicht empfängt, muss z.B. mit dem letzten Wort beginnen oder drei Wörter aus dem Gedicht in seinem eigenen unterbringen. Auf der Webpage http://mit160zeichen.blogspot.com finden Sie viele Beispiele.

Vorbereitung:
Überlegen Sie sich, warum und wozu Sie diese Kurztexte versenden wollen. Ihre Schüler haben insgesamt nur 160 Zeichen zur Verfügung. Erstellen Sie ein Arbeitsblatt, auf dem Sie genau festhalten, wie vorgegangen werden soll, am besten mit ein oder zwei Beispielen versehen.

Nachteil: Der Versand von SMS kostet Geld und sollte daher vorher mit den Eltern abgesprochen werden. Viele Schüler in Mittel- und Oberstufe verfügen jedoch bereits über ein Vertragshandy und haben pro Monat eine gewisse Anzahl an kostenlosen SMS. Sprechen Sie mit Ihren Schülern darüber, und informieren Sie die Eltern. Holen Sie sich ggf. auch die Erlaubnis ein.

Ablauf:

1. Teilen Sie das Arbeitsblatt aus, und besprechen Sie es.
2. Sammeln Sie die Daten mit Hilfe von Funk via *Bluetooth®* auf einem Datenträger oder PC.
3. Drucken Sie die Daten aus, kleben Sie sie auf ein Plakat, und hängen Sie sie im Klassenraum oder auf dem Flur aus.

56. Hörbuch selbst erstellen

Medium: PC, Internetanschluss, Mikrofon (*Audacity®*)

Kurzbeschreibung:
Mit *Audacity®* können Lehrer wie Schüler eigene Sprachaufnahmen machen und diese verändern. Es handelt sich praktisch um ein Tonstudio im Miniaturformat. Im Folgenden wird die Version 1.2.6 exemplarisch beschrieben. Bitte beachten Sie, dass eine neue Version ggf. anders aussehen kann.

Impulse:
Audacity® eignet sich nicht nur zur Produktion von Hörspielen, wie es auf S. 131 beim Ablauf beschrieben ist. Es ist allgemein ein hilfreiches Medium, um Sprache einzufangen und wiedererlebbar zu machen.

- ✔ Im Deutschunterricht bieten Gedichte eine gute Möglichkeit, *Audacity®* zu nutzen. Gedichte leben von der gesprochenen Sprache, und mit Hilfe eines Aufnahmeprogramms können Schüler ihre Interpretation der Gedichte mit Hilfe ihrer Stimme darstellen. Somit können mündliche Hausaufgaben festgehalten werden. Auf der anderen Seite können Schüler sich aber so auch selbst einmal hören und somit reflektierend erleben.
- ✔ Lassen Sie doch einmal Gedichte in möglichst vielen Stimmungslagen vertonen, und analysieren Sie später die Wirkung der Vortragsweisen. Sie erhalten so eine große Menge an Material, welches zudem noch von den Schülern selbst produziert und somit noch motivierender ist.
- ✔ Eine szenische Lesung kann die Schüler ebenfalls motivieren, eine Szene genauer zu analysieren, zu verstehen, worum es geht, und das Verständnis mit ihrer eigenen Ausdrucksfähigkeit umzusetzen. Solche Vertonungen setzen immer ein großes Textverständnis voraus und helfen Schülern, genauer zu lesen.
- ✔ Im Fremdsprachenunterricht kann nicht immer jeder sprechen und somit seine Aussprache verbessern. *Audacity®* ermöglicht es, dass alle Schüler vorlesen können. Die Lesungen müssen nicht ungehört bleiben, da sie gespeichert wurden und abspielbar sind. Die Aufnahme spornt die Schüler an, möglichst gut zu lesen und besonders auf ihre Aussprache zu achten. Wenn Sie die korrekte Aussprache vorher selbst als Audiodatei aufgenommen haben oder eine solche erworben haben, können die Schüler anschließend die eigene Aussprache abgleichen und selbstständig reflektieren, wie gelungen die Aufnahme ist, ohne vor der gesamten Klasse etwas vortragen zu müssen.

- ✔ Die Aufnahme bietet eine besondere Fördermöglichkeit für lese-recht-schreib-schwache Schüler. Kleinere Texte oder Vokabeln können von der Lehrkraft oder den Eltern vertont und später von den Schülern angehört werden. Somit können Schüler über das Hören Inhalte aufnehmen und sich auf den Unterricht angemessen vorbereiten, ohne an der Hürde des langen Lesens zu scheitern. Zudem ist es der Lehrkraft durch die MP3-Datei sehr leicht, diese per Mail an Eltern oder Schüler schnell und kostengünstig zu verschicken und sie mehrfach zu verteilen.
- ✔ Im Musikunterricht eignet sich das Programm besonders gut dafür, akustische Schwingungen sichtbar zu machen. Tonhöhe und Lautstärke werden durch die grafische Anzeige sichtbar, und Veränderungen können schnell und einfach dargestellt werden.

Vorbereitung:
Bevor Sie erste Aufnahmen durchführen können, müssen Sie sich die kostenlose Software *Audacity®* herunterladen (googeln Sie „Audacity", und es werden einige Seiten mit Downloadoption erscheinen). Sie benötigen außerdem ein integriertes oder anschließbares Mikrofon.

Audacity® bietet eine Vielzahl an Möglichkeiten, die Sie im gewöhnlichen Unterricht vermutlich nie ausschöpfen können. Sie sollten auch Ihren Schülern direkt vermitteln, dass es einen großen Spielraum bietet und man nicht zu viel Zeit damit verlieren darf. Führen Sie daher zu Beginn ganz gezielt Funktionen und Effekte ein. Es empfiehlt sich, gemeinsam mit den Schülern eine Einführungsstunde zu nutzen, um die technischen Möglichkeiten von *Audacity®* zu erkunden und damit vertraut zu werden, bevor Projekte durch falsche Bedienung verloren gehen.

In der großen Menüleiste sind die wesentlichen Funktionen zu finden. Die sechs großen Knöpfe bieten dem Nutzer an, Sprache aufzunehmen, zu stoppen und abzuspielen (*Kontrollwerkzeug*). Sobald die Aufnahme beginnt, wird eine neue Tonspur geöffnet und das Hörbare „sichtbar" gemacht. Die Tonspur ermöglicht es dem Nutzer, schnell den Anfang und das Ende von Wörtern oder Sprechpausen zu finden, ohne sich Zeiten merken zu müssen.

Besonders hilfreich ist es, dass man die *Kontrollwerkzeugleiste* abdocken kann. Das bedeutet, dass die kleine Menüleiste mit den Knöpfen für die Aufnahme auf Ihrem Bildschirm immer ganz oben ist. Dies ist dann hilfreich, wenn Sie beispielsweise aus einer Computerdatei etwas vorlesen und dies gleichzeitig aufnehmen, aber nicht immer zwischen den Fenstern hin- und herhüpfen möchten. Diese Option befindet sich unter Ansicht auf *Kontrollwerkzeug abdocken.*

Beginnt man in der gleichen Datei eine weitere Aufnahme, wird automatisch eine weitere Tonspur angelegt. So kann man später mehrere Tonspuren übereinanderlegen. Möchte man eine davon später wieder löschen, klickt man auf das kleine x im Kästchen links neben der jeweiligen Tonspur.

Wenn Sie Ihren gesprochenen Text mit einer bereits vorhandenen Audiodatei untermalen wollen, können Sie eine weitere Tonspur über den Menüpunkt *Projekt* und dann Audio *importieren* einfügen. Wählen Sie aus Ihren eigenen Audiodaten ein Lied oder ein Geräusch aus, und *Audacity®* fügt es in einer neuen Tonspur in das Projekt ein.

Um die Lautstärke der Hintergrundmusik oder -geräusche zu regulieren, können Sie links vor der Tonspur den Regler nach links (leiser) oder nach rechts (lauter) verschieben. Hören Sie immer wieder Probe, um ein gutes Gesamtergebnis zu erzielen.

Zwei Effekte sind für den Unterricht besonders wertvoll. Zum einen kann man mit *Audacity®* Hintergrundgeräusche entfernen. Das ist besonders dann hilfreich, wenn 30 Schüler im Computerraum gleichzeitig etwas aufnehmen.

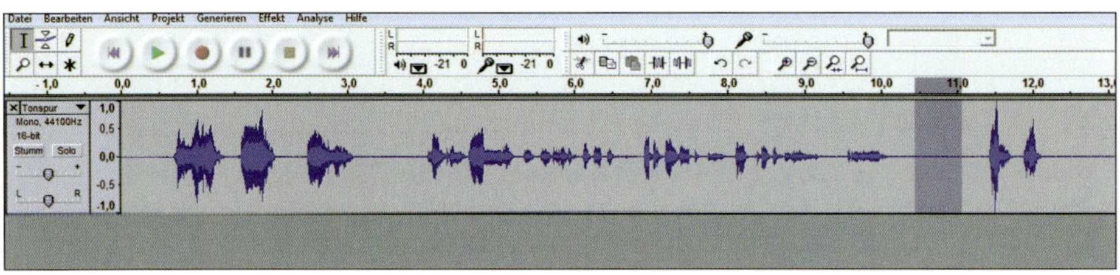

(Dieser und die folgenden Screenshots stammen aus der Version 1.2.6. von Audacity. Das Urheberrecht von Audacity® Software liegt beim Audacity Team (1999-2012). Der Name Audacity® ist ein eingetragener Markenname von Dominic Mazzoni.)

Um Hintergrundgeräusche zu entfernen, markieren Sie nach der Aufnahme ein Stück der Tonspur, auf dem nur Hintergrundgeräusche zu hören sind (siehe Abb.). Um sicherzugehen, dass Sie keine wichtigen Sprachaufnahmen gelöscht haben, können Sie nach der Markierung auf die Wiedergabetaste drücken, und nur der markierte Teil wird abgespielt.

Klicken Sie dann in der Menüleiste auf *Effekt,* und wählen Sie *Rauschentfernung* aus. Ein neues Fenster öffnet sich. Bevor Sie nun die Hintergrundgeräusche entfernen können, müssen Sie zunächst ein *Rauschprofil ermitteln.* Klicken Sie im ersten Schritt nun auf *Rauschprofil ermitteln. Audacity®* speichert nun, was als Hintergrundgeräusche gilt.

In einem nächsten Schritt markieren Sie in Ihrer Tonspur den Abschnitt, in dem Sie die Hintergrundgeräusche entfernen möchten. In der Regel ist das die gesamte Tonspur. Sie können dafür mit der Maus einmal über die Tonspur fahren und diese dunkelgrau markieren. Bei langen Tonspuren empfiehlt es sich, in das Kästchen links vor der Tonspur zu klicken. Alles wird mit einem Klick markiert.

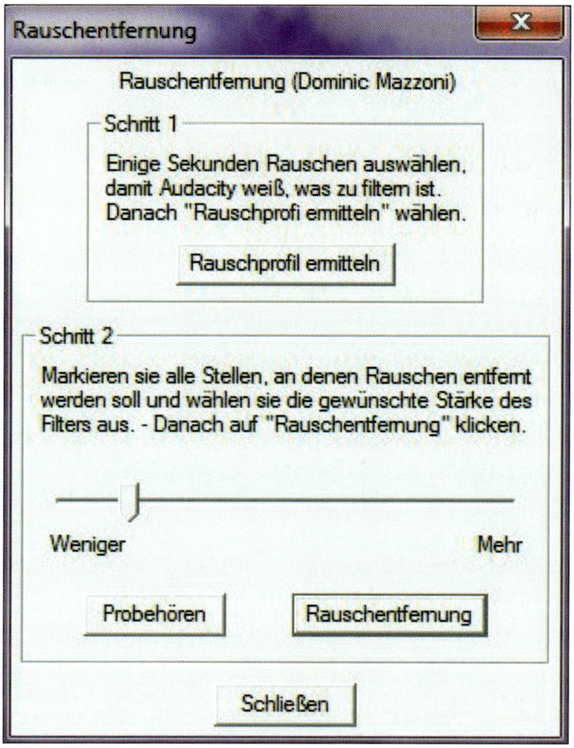

Gehen Sie dann wieder unter *Effekt* auf *Rauschentfernung,* und stellen Sie über den Regler ein, wie viel Rauschen Sie entfernen möchten. Empfehlenswert ist es, den Regler in das linke Viertel zu verschieben, damit ein wenig Rauschen noch wahrgenommen werden kann und die Stimme nicht zu artifiziell wirkt. Klicken Sie unbedingt zuvor auf *Probehören*, um die veränderte Aufnahme zu überprüfen.

Ein weiterer sehr hilfreicher Effekt ist das Ändern der Stimmlage. Gerade Schüler trauen sich eher, etwas aufzunehmen, wenn sie wissen, dass später ihre Stimmen verfremdet werden und sie nicht mehr eindeutig zu erkennen sind. Eine Männerstimme kann z.B. schnell in eine Frauenstimme verwandelt werden, wenn man ganz extrem arbeitet, kann man auch sehr künstliche Stimmen, die einem Außerirdischen gleichen, erzielen. Auf jeden Fall haben die Schüler Spaß daran, Stimmen zu verändern und sich so das Material mehrmals anzuhören.

Markieren Sie für diesen Effekt den Tonspurabschnitt, den Sie verändern möchten. Dies können einzelne Wörter, aber auch ganze Sätze oder die gesamte Tonspur sein. Klicken Sie dann auf *Effekt auf Tonhöhe (Pitch) verändern*. Es öffnet sich ein neues Fenster, und Sie können nun entscheiden, ob Sie die Stimme höher oder tiefer klingen lassen wollen. Danach bestimmen Sie am untersten Regler, um wie viel Sie die Stimme verändern wollen. Auch hier empfiehlt es sich wieder, probezuhören. Für gewöhnlich muss der Regler nur wenig verschoben werden, um eine Veränderung zu erhalten.

Das Projekt speichern können Sie unter *Projekt speichern unter*. Das ermöglicht es Ihnen auch, zu einem späteren Zeitpunkt das Projekt zu überarbeiten oder zu verändern. Bedenken Sie jedoch, dass sich das Projekt in dem abgespeicherten Format (.aup), nur mit *Audacity®* öffnen lässt. Es empfiehlt sich daher, das fertiggestellte Projekt als MP3 zu speichern. Dies benötigt weniger Speicherplatz als eine aup-Datei und lässt sich auf den meisten herkömmlichen Spielern abspielen, ist allerdings nicht mehr bearbeitbar. Speichern Sie also auf jeden Fall auch eine Kopie im .aup-Format.

Ihr Computer wird von Ihnen beim ersten Abspeichern einer MP3-Datei *LAME* (eine Software für die Umwandlung von Rohdaten in MP3) verlangen. Ohne diese können Sie keine MP3-Dateien speichern. Hierfür müssen Sie einmalig *LAME* herunterladen. Googeln Sie „lame“, und downloaden Sie die Software, welche kostenfrei ist. Speichern Sie sie auf Ihrem Computer ab. Wenn Sie das erste Mal eine MP3-Datei in *Audacity®* abspeichern möchten, wird das Programm Sie fragen, wo Sie die *LAME*-Datei gespeichert haben. Folgen Sie den Anweisungen des Programms, und geben Sie den Speicherort an. Dieser Vorgang ist einmalig durchzuführen.

Die technischen Voraussetzungen für dieses Programm sind vielseitig und können zu Beginn einschüchternd oder frustrierend sein. Aber mit den Grundfunktionen werden Sie und Ihre Schüler bald umgehen können. Das Arbeiten mit diesem Programm schult die Schüler im Umgang mit den digitalen Medien, und die Ergebnisse fallen vielseitig und besonders aus. Trauen Sie sich also ruhig auch mal an komplexere Programme, und führen Sie auch ein zweites Projekt durch, wenn das erste Projekt nicht so gut gelungen ist.

Ablauf:
Das Erstellen eines Hörbuches ist eine abwechslungsreiche Methode, um die mündliche Sprachkompetenz der Schüler zu trainieren, zu analysieren und zu reflektieren.

1. Für ein Hörbuch brauchen die Schüler eine Ausgangsidee. Diese wird dann in ein Drehbuch umgewandelt. Die Schüler schreiben dieses unter Berücksichtigung aller Angaben, wie Sprecherrollen, Hintergrundmusik und Geräusche. All das wird zunächst schriftlich detailliert festgehalten.
2. Danach wird entschieden, wer die einzelnen Rollen in dem Hörbuch spricht und wer für den Einsatz der Geräusche und der Musik verantwortlich ist. Auch sollte geklärt werden, ob Musik und Geräusche nachträglich eingefügt werden oder ob es notwendig ist, sie während des Sprechens zu erzeugen.
3. Nach angemessenen Proben und einer guten Einführung in das Programm *Audacity®* können die Schülergruppen dann am Computer das Gesprochene aufnehmen und bearbeiten.
4. Vergessen Sie nicht, im Anschluss die einzelnen Projekte vorstellen zu lassen und sie in der Klasse kritisch zu reflektieren. Schüler können ihre Hörbücher mit Hilfe des PCs oder eines Abspielgerätes im Klassenzimmer präsentieren, oder die einzelnen Dateien können auf eine Plattform geladen werden. Dann können alle Schüler sich die Hörbücher individuell anhören, sie auswerten und später im Klassengespräch darüber berichten.

57. Songsmith

Medium: PC, Internetzugang (*Songsmith*)

Kurzbeschreibung:
Mit *Songsmith* kann man auf kreative Art und Weise eigene Lieder aufnehmen und mit einer Hintergrundmusik unterlegen, ohne dabei über ein Orchester, ein Instrument oder musiktheoretisches Wissen zu verfügen.

Impulse:

✔ Für Ihren Unterricht können Sie das Programm vielfältig nutzen. Merksätze können so auf eine effektive und einprägsame Weise vertont werden. Einfache Beispielsätze mit Regel, wie z.B. „I go, you go, he goes, she goes – he, she, it the s must fit" werden mit Musik und Rhythmus zu einprägsamen Formen. Auch im Physik-, Deutsch- oder Erdkundeunterricht finden derlei Sätze ihren Platz.

- ✔ Schüler können eigene Werke vertonen und effektvoll präsentieren. Ob dies nun kleine sprachliche Werke, Merksätze oder dergleichen sind, schon bei der Aufnahme setzen sich die Schüler mit dem Lerngegenstand intensiv auseinander.
- ✔ Für den Musikunterricht bietet das Programm eine besondere Möglichkeit. Es zeigt nach der Aufnahme die einzelnen Akkorde an. Schüler können so praxisorientiert Musik verstehen lernen, nachträglich über den Bearbeitungsmodus Akkorde ändern und so Musik verändern.

Vorbereitung:

Um das Programm von *Microsoft™* zu nutzen, muss es heruntergeladen werden. *Microsoft™ Songsmith* ist für Lehrende kostenlos und kann im Klassenraum eingesetzt werden. Noch ist die Seite nur auf Englisch verfügbar:
http://research.microsoft.com/en-us/um/redmond/projects/songsmith
Geben Sie entweder den Link ein, oder googeln Sie „*Songsmith*". In den meisten Fällen führt Sie der erste Link zu *Microsofts Research Seite*. Unter *For Teachers* folgen Sie am besten den Anweisungen, um das Programm herunterzuladen.

Ablauf:

1. *Songsmith* ist ein ansprechendes und einfach zu bedienendes Programm. Wenn Sie es öffnen, werden Sie zunächst gefragt, welche Stilrichtung Sie aufnehmen möchten.

Sie können zwischen Big Band, Blues Rock, Classic Pop Rock, Country Ballad, Dance Pop, Disco, Funk, Funk Rock, Hip Hop, Pop Ballad, R&B, Reggae, Rock, Salsa, Techno, Twist und mehr wählen, welche Musikrichtung Sie erstellen wollen.

2. Haben Sie gewählt, gehen Sie über *Next* zur nächsten Kategorie und wählen das Tempo für Ihren Song aus. Danach gelangen Sie automatisch in das Hauptfenster des Programms und können mit der Aufnahme loslegen.
3. Um anzufangen, klicken Sie auf den roten Knopf, den *Aufnahmeknopf*. Die ersten Takte werden Ihnen mit Trommelschlägen vorgespielt, und sobald Sie oben das Wort *Sing* erblicken, können Sie im Takt mitsingen. Das Programm nimmt über ein angeschlossenes Mikrofon Ihre Stimme auf.
4. Beenden Sie die Aufnahme, indem Sie auf *Stopp* klicken. Das Programm wertet die Aufnahme sofort aus und hinterlegt die gesangliche Aufnahme mit einer instrumentalen Version. Schon haben Sie ohne große Mühe Ihren eigenen Song produziert.
5. Um Ihren Song dauerhaft abzuspeichern, klicken Sie auf das Symbol mit der Diskette. Wählen Sie *Save as*, um das Lied zukünftig noch bearbeiten zu können, oder exportieren Sie das Lied in eine externe Datei, um es auch auf anderen Geräten abspielen zu können. *Songsmith* bietet Ihnen die Möglichkeit, WMA-, WAW- oder MIDI-Dateien zu speichern.

58. Glogster – digitale Poster erstellen

Medium: PC, Internetzugang (*Glogster*)

Kurzbeschreibung:
Dieses Online-Werkzeug motiviert Schüler ab 13 Jahren, ihre Gefühle, Gedanken und Ideen auf kreative und emotionale Art auszudrücken. Dabei können sie digitale Medien, wie animierte Grafiken, Videos und Musik, einbinden und somit ihre medialen Fähigkeiten erweitern.

Glogster ist eine englischsprachige Online-Plattform, die es Lehrern und Schülern ermöglicht, interaktive Poster alleine oder auch gemeinsam zu gestalten. Es bietet verschiedene Grafiken und Gestaltungsmöglichkeiten an, man kann aber auch selbstgestaltete Bilder, Videos oder Audiodateien einbinden.

Impulse:

- ✔ Verarbeiten Sie im Biologieunterricht Experimente anschließend kreativ.
- ✔ Im Deutschunterricht kann man neue Titelbilder für Romane oder Lesetagebücher erstellen oder Gedichte vertonen und Bilder einfügen.
- ✔ In den Fremdsprachen können eigene Tagesabläufe, Diskussionsthemen u.v.m. zum Ausdruck gebracht werden.

(Quelle: www.glogster.com)

Vorbereitung:
Bevor Sie mit Glogster arbeiten können, müssen Sie sich als Lehrer auf der Homepage www.glogster.com registrieren. Man unterscheidet zwischen einem privaten und einem schulischen Account (*eduglogster*). Des Weiteren kann man zwischen der kostenlosen *EDU Basic*- und der kostenpflichtigen *EDU Premium-Version* wählen. Der Unterschied besteht in der Anzahl der auszuwählenden Grafiken und Effekte und der Möglichkeit, als *Premium Teacher* ganze Klassen und Projekte über die Lernplattform zu koordinieren. Sollten Sie sich nicht für die *Premium Version* entscheiden, dann müssen sich die Schüler ebenfalls über *Glogster* anmelden, um interaktive Poster gestalten zu können. Mit der Premiumfunktion können Sie Schüler anlegen, verwalten, Aufgaben stellen, den Lernprozess überwachen und letztendlich auch Ergebnisse bewerten.

Ablauf:

1. Rufen Sie die Homepage www.glogster.com auf, und loggen Sie sich mit Ihren zuvor angelegten Zugangsdaten ein.
2. Um ein *Glog* zu erstellen, klicken Sie in der oben angezeigten Leiste auf *Dashboad,* (Armaturenbrett) und im Folgenden dann auf *Create a new glog* (glog = Abkürzung für *graphical blog*).
3. Es öffnet sich eine neue Seite, und verschiedene Werkzeugleisten werden Ihnen angezeigt. Auf der linken Seite finden Sie nun eine Auswahl von *Graphics* bis *Wall.* Klicken Sie auf das benötigte Werkzeug, z.B. *Graphics*, und wählen Sie eine Grafik aus den Vorschlägen aus. Klicken Sie auf *Add*, und das Bild wird in Ihr zu erstellendes Poster eingefügt. Später können Sie Bilder, Schriftarten, Videos oder Fotos verschieben und in der Größe ändern.
4. Unter *Data* können Sie eigene Dateien hochladen und verwenden.
5. Die Funktion *Grab it* lässt zu, dass Sie mit Ihrer integrierten oder angeschlossenen Kamera einen Schnappschuss machen und dieser direkt auf Ihr Poster geschoben wird.
6. Sind Sie mit Ihrer Gestaltung zufrieden, dann können Sie entweder Ihr Poster speichern oder es veröffentlichen. Die Poster können jederzeit verändert und überarbeitet werden.

59. Handy-Kunst – Mosaikbilder erstellen

Medium: PC, Internetzugang, Fotohandy oder Digitalkameras (Software *EDDA*)

Kurzbeschreibung:
Ihre Schüler setzen sich intensiv mit einem Thema auseinander, indem sie für eine Fotocollage passende Fotos machen.

Mosaike kennen Sie sicherlich im klassischen Sinne: Kleine Steinchen werden zu einem großen Bild zusammengefügt. Dieses Vorgehen trifft auch auf die fotografischen Mosaikbilder zu, die immer populärer werden. Mit einem Fotohandy und einem Computer können Sie und Ihre Schüler ganz einfach ein solches Bild selbst erstellen.

Impulse:

- ✔ Ergänzen Sie Ihre nächste Fotografieeinheit um den Aspekt der Handy-Kunst.
- ✔ Lassen Sie Ihre Schüler für die nächste Paris-Einheit ein Foto-Mosaik des Eifelturms erstellen.
- ✔ Erstellen Sie in Geschichte das Porträt einer berühmten Person.

Vorbereitung:
Die Bearbeitungssoftware hierzu finden Sie kostenlos im Internet unter www.sixdots.de. Laden Sie das kostenlose Programm *Foto-Mosaik-Edda* herunter, und installieren Sie es auf Ihrem PC.

Ablauf:

1. Geben Sie ein Bild vor, oder lassen Sie die Schüler zu einem Oberbegriff ein eigenes Bild finden, das sie zu einem Mosaik-Foto umwandeln wollen.
2. Zu diesem Thema müssen Sie nun ganz viele Fotos schießen. Je mehr Fotos Sie zur Bearbeitung zur Verfügung haben, umso besser wird das Endergebnis.
3. Übertragen Sie die Bilder auf den Computer, und speichern Sie sie alle in einem Ordner ab.
4. Erstellen Sie das Mosaikfoto.

60. Comic Creator

Medium: PC, Internetzugang (*Comic Creator*)

Kurzbeschreibung:
Mit diesem kostenlosen Programm können Sie oder Ihre Schüler eigene Comics erstellen, ohne sich zu lange im Zeichenprozess zu verlieren. Hierfür muss der Computer über einen *FlashPlayer* verfügen (z.B. kostenlos von *Adobe*™ erhältlich).

Impulse:

- ✔ Lassen Sie Ihre Schüler ein Gedicht, eine Kurzgeschichte oder eine Szene in einen Comic verwandeln. Oder geben Sie lediglich ein Problem oder Thema vor, und lassen Sie die Schüler einen völlig unabhängigen Comic erstellen. Die Schüler werden besonders in den Fremdsprachen animiert, Sprache zu produzieren.

- ✔ Die Schüler können gesellschaftliche Probleme bildlich und aus ihrer Sicht darstellen. In den sozialwissenschaftlichen Fächern können aktuelle Problemstellungen beispielsweise karikativ aufgegriffen werden.
- ✔ Die Comics können als Hausaufgabe erstellt und dann entweder ausgedruckt in die nächste Stunde mitgebracht oder elektronisch auf eine Lernplattform hochgeladen werden. Die Schüler können ihre Produkte gegenseitig bewundern und kommentieren.
- ✔ Sie können die Resultate ausdrucken oder am interaktiven Whiteboard präsentieren, um die Comics im Unterricht auszuwerten. Oder die Schüler tauschen ihre Comics aus und verschriftlichen die Geschichten der anderen.

Vorbereitung:
Im Internet gibt es eine Auswahl an kostenlosen Programmen, die zur Comic-Herstellung geeignet sind. Tippen Sie „Comic Creator" in die Google-Suchmaske, und wählen Sie zwischen den Funden. Beispielhaft sollen hier www.readwritethink.org/files/resources/interactives/comic und www.stripcreator.com genannt sein. Während Ersteres eher den einfachen Ansprüchen des schulischen Lebens genügt, bietet *Stripcreator* eine weitaus größere Anzahl an Möglichkeiten, Figuren, Gegenstände und Hintergründe einzubinden. Entscheiden Sie selbst, wie wichtig Details in der Ausarbeitung Ihres Comics sind oder ob die sprachliche Arbeit wichtiger ist, als es die kreativen Wahlmöglichkeiten sind, die viel Zeit in Anspruch nehmen können.

Für den *Comic Creator* gehen Sie auf die kostenlose Webseite www.readwritethink.org, geben dort in das Suchfeld *Comic Creator* ein und klicken auf *Go*. Wählen Sie aus dem Ergebnis den *Comic Creator* aus.

(www.readwritethink.org. ReadWriteThink.org is a nonprofit website maintained by the International Reading Association and the National Council of Teachers of English, with support from the Verizon Foundation.)

Klicken Sie auf *Get started*, und beginnen Sie mit dem Erstellen eines eigenen Comics.

Ablauf:

1. Zuerst werden Sie aufgefordert, den Titel, einen Untertitel und den oder die Autoren einzugeben. Nachdem Sie Ihre Eingaben mit einem Klick auf die Pfeiltaste bestätigt haben, können Sie nun die Größe des Comics (Anzahl der Felder) auswählen. Bestätigen Sie Ihre Auswahl, indem Sie auf die entsprechende Darstellung klicken. Nun geht es los.

2. Mit den beiden Pfeilen, zwischen denen eine Zahl zu sehen ist, können Sie zwischen den verschiedenen Bildern hin- und herschalten, falls Sie ein Comic mit mehreren Bildern ausgewählt haben. Mit den beiden Pfeilen an der Seite wechseln Sie den Hintergrund (Berge, Städte, Wohnung ...).

3. Wenn Sie jetzt auf eines der Blätter unterhalb des Bildschirmes klicken, dann erhalten Sie die Auswahl zwischen verschiedenen Personen bzw. Tieren, Sprechblasen oder Gegenständen, die Sie in das Bild einfügen können. Um das Gewünschte auf den Bildschirm zu bekommen, klicken und ziehen Sie das gewünschte Objekt auf den Bildschirm. Zum Beschriften der Sprechblasen klicken Sie kurz in diese hinein, und es erscheint ein Cursor.

4. Wenn Sie mit dem Comic fertig sind, drücken Sie auf *Finish* und erhalten die Möglichkeit, den Comic entweder auszudrucken (*Print*), zu überarbeiten (*Back*) oder ein neues Comic anzufangen. Sollten Sie sich für Letzteres entscheiden, dann wird der soeben erstellte Comic gelöscht.

61. Voki – kleine Cartoons zum Sprechen bringen

Medium: PC, Internetzugang, ggf. Mikrofon/Telefon (*Voki*)

Kurzbeschreibung:
Lehrer können mit dem Programm *Voki* schnell kleine Animationen erstellen, um das Hörverstehen der Schüler zu trainieren. *Vokis* sind Animationen zu gesprochenen Texten (es kann auch geschriebener in gesprochenen Text umgewandelt werden). Schüler können auf kreative Weise Sprache vorstellen und eigene Textproduktionen animieren.

Impulse:

- ✔ Der Einsatz im Sprachunterricht ist vielfältig. Im Fremdsprachenunterricht eignen sich *Vokis* besonders dafür, Audiotexte zu erstellen. Lehrer können jeden digitalisierten, geschriebenen Text in eine Audiodatei umwandeln und das Hörverständnis der Schüler in verschiedenen Sprachen schulen. Schüler können sich ihre eigenen Texte in der Fremdsprache anhören. Gedichtvorträge etc. können per Voki stattfinden. Auch können Betonung etc. trainiert und Fortschritte dokumentiert werden.
- ✔ Längere Argumente bei argumentativen Texten können von den Schülern zusammengefasst und mit Hilfe eines Vokis abwechslungsreich vorgetragen werden. Alle *Vokis* können auf Lernplattformen gesammelt und von allen Schülern angeschaut werden.
- ✔ Im Literaturunterricht können Charaktere erarbeitet und kleine Vokis für die jeweiligen Charaktere erstellt werden. Hierbei spielen dann Kleidung, Accessoires und Hintergründe eine ebenfalls bedeutende Rolle. Die Schüler können für die jeweilige Figur einen Monolog erarbeiten und diesen vertonen.

Vorbereitung:
Zunächst brauchen Sie/die Schüler einen Text zu einem beliebigen Anlass. Danach muss sich der Nutzer auf www.voki.com registrieren. Ohne Registrierung hat man nur einen beschränkten Zugriff auf die kreativen Möglichkeiten. Die Registrierung ist kostenlos und verlangt lediglich eine E-Mail-Adresse. Die *Voki*-Homepage ist bisher nur auf Englisch verfügbar. Die Sprachausgabe kann aber schon in über 25 Sprachen stattfinden, darunter auch Deutsch, Französisch, Spanisch und natürlich Englisch.

Ablauf:

1. Unter *Create* kann man mit seinem ersten *Voki* beginnen. Suchen Sie sich einen Charakter aus, die Kleidung und die Accessoires. Sie können auch Hintergrund und Farbe individuell wählen.

2. Nun können Sie über die Spracheingabe *Give it a voice* wählen, wie Sie die Sprachausgabe generieren möchten. Sie haben die Auswahl zwischen einer Telefonaufnahme (Sie rufen eine Telefonnummer an und besprechen das Band mit Ihrem Text), einer schriftlichen Texteingabe (der Computer generiert automatisch eine Vertonung des Geschriebenen), einer Tonaufnahme über ein an Ihrem Computer angeschlossenes Mikrofon und dem Hochladen einer Audiodatei. Empfehlenswert ist die Eingabe eines schriftlichen Textes. Schüler oder Lehrer tippen ihren zu vertonenden Text ein, wählen dann die entsprechende Sprache und können dann auch noch eine Stimme und im Englischen auch einen Akzent wählen. So kann man auch als Nicht-Muttersprachler schnell „authentische" Sprache erstellen.

3. Sobald man mit seinem *Voki* zufrieden ist, klickt man auf *publish*. Jedes *Voki* bekommt einen Namen und wird automatisch in der eigenen Galerie gespeichert. Nachdem der Speichervorgang abgeschlossen ist, hat man die Möglichkeit, sein *Voki* auf elektronischen Plattformen sowie sozialen Netzwerken zu veröffentlichen, den *html*-Code zu kopieren, um diesen auf einer Lernplattform zu verlinken, oder die *URL* zu kopieren, um diese dann z.B. unter „Favoriten" im Browser zu speichern und später wieder aufzurufen oder um sie per E-Mail zu versenden.

Extra: Bei www.voki.com kann auch eine ganze Klasse registriert werden. So wird Schülern die Nutzung erlaubt, ohne dass sie sich registrieren müssen. Das Anlegen einer Klasse ist jedoch kostenpflichtig.

62. Digital Storytelling

Medium: PC, Internetzugang

Kurzbeschreibung:
Digital Storytelling ist die digitale Form des Geschichtenschreibens. Mit Hilfe digitaler Medien werden kleine Geschichten gezaubert, mit Bildern, Musik oder Videos untermalt und dann im Internet präsentiert oder per E-Mail an Freunde geschickt. *Digital Storytelling* soll die Kreativität der Schüler anregen und sie motivieren, ihre Fantasie spielen zu lassen.

Das *Digital Storytelling* soll beispielhaft an dem englischsprachigen Programm *Story Bird* dargestellt werden. Es bietet eine Vielzahl von ansprechenden Illustrationen.

Impulse:

✔ Lassen Sie im Deutsch- und Fremdsprachenunterricht kleine Geschichten (nach)erzählen oder eigene Werke bebildern.

Vorbereitung:
Registrieren Sie sich unter www.storybird.com. Sie können auch ein Klassenkonto anlegen (kostenlose Grundversion). Es ist einfach zu bedienen, und Sie haben einen Überblick über alle Schülerarbeiten.

Geben Sie Ihren Schülern eine entsprechende Aufgabe. Sollten Sie Ihre Klasse online angelegt haben, können Sie unter *Assignments* die Aufgabenstellung veröffentlichen. Sollten Ihre Schüler jeweils ein eigenes Konto haben, dann besprechen Sie die Aufgabenstellung im Unterricht.

Ablauf:

1. Teilen Sie den Arbeitsauftrag, beispielsweise ein selbstverfasstes Gedicht zu gestalten, mit.
2. Die Schüler loggen sich ein und klicken auf *Create*.
3. Die Bedienung ist einfach, man zieht die Bilder von der rechten und linken Seite auf die Fläche in der Mitte. Das Textfeld kann man nach Belieben füllen.
4. Unter der zu bearbeitenden Seite werden alle weiteren Seiten angezeigt. Man kann so auf die nächste Seite gelangen oder neue Seiten hinzufügen.
5. Abschließend klickt man auf *Save*, und die Arbeit wird gespeichert und im Klassenkonto direkt in die *Klassenbibliothek* gestellt. So können alle Schüler sie lesen.

63. Fotostory erstellen

Medium: PC, Digitalkamera (evt. Papier, Schere, Kleber)

Kurzbeschreibung:
Die Schüler verbildlichen einen geschriebenen Text.

Vorbereitung:
Erwecken Sie einen geeigneten Text zum Leben, indem Sie Ihre Schüler daraus eine Fotostory entwickeln lassen.

Ablauf:
Lassen Sie die Schlüsselstellen im Voraus erarbeiten und Ihre Schüler ein Storyboard entwickeln. Vereinbaren Sie im Voraus, wie viele Bilder Sie von Ihren Schülern erwarten – setzen Sie eine Unter- und Obergrenze fest. Lassen Sie die Schüler ihre einzelnen Bilder mit der Digitalkamera festhalten, auf den PC laden und auswerten.

Gehen Sie – wenn die Zeit es erlaubt – die Ergebnisse mit den Schülern noch im Unterricht durch. Danach können die Schüler mit Hilfe der Storyboards die Bilder in die richtige Reihenfolge bringen, sich Gedanken darüber machen, wer was sagt, und Sprechblasen erstellen – am PC, z.B. mit *Word*, oder auch ganz traditionell, indem sie malen und basteln.

64. Instant Video-Clips

Medium: PC, Camcorder, ggf. Internetanschluss

Kurzbeschreibung:
Ihre Schüler halten Arbeitsschritte oder Ergebnisse schnell und unkompliziert mit einem Camcorder fest und übertragen sie in Minutenschnelle auf den Computer, sodass sie noch während des Unterrichts abrufbar sind. Siehe dazu auch S. 146.

Impulse:

- ✔ Die aufgenommenen Clips sind fächerübergreifend einsetzbar. Lassen Sie Schülerversuche im naturwissenschaftlichen Unterricht mit der Kamera dokumentieren. Diese können dann mittels Beamer oder interaktivem Whiteboard in der Klasse angeschaut und ausgewertet werden, oder Sie stellen sie auf die Schul- oder Klassenhomepage (siehe auch S. 63/68).
- ✔ Lassen Sie im Mathematikunterricht einen Schüler die Durchführung seines Rechenwegs filmen und ihn dabei erklären. Laden Sie die Erklärungen auf die Schul- oder Klassenhomepage hoch, sodass sie auch außerhalb der Schule zugänglich sind.
- ✔ Lassen Sie die Schüler kleine Rollenspiele aus dem Deutsch- oder Fremdsprachenunterricht aufnehmen, und starten Sie den nächsten Elternabend einmal mit einer Schülerpräsentation der anderen Art. Ihrem Einfallsreichtum sind keine Grenzen gesetzt.

- ✔ Erstellen Sie mit der Klasse statt einer Gute-Besserung-Karte einen kurzen Clip für einen kranken Mitschüler oder Kollegen, und schicken Sie ihm diesen zu – was glauben Sie, wie groß die Freude darüber ist.

Vorbereitung:
Schaffen Sie sich einen Camcorder an, z.B. der Marke *Flip*. Oft reicht schon relativ wenig Speicherplatz für unterrichtliche Zwecke. Schauen Sie ruhig nach gebrauchten Geräten, gerade ältere Modelle sind schon günstig zu beziehen. Ein Minicamcorder wird auf Grund seiner Größe – vergleichbar mit einem Päckchen Taschentücher – in Ihrer Schultasche einen festen Platz finden. Achten Sie auf ein einfaches und übersichtliches Bedienfeld und ein leistungsstarkes Mikrofon sowie einen Bildstabilisator. Mit der *Flip*-Kamera erhalten Sie auch die *FlipShare*-Software, die viele zusätzliche Verwendungsmöglichkeiten bietet. Für den Gebrauch im Unterricht ist diese jedoch nicht zwingend notwendig. Mittlerweile gibt es auch Apps für *iPhone, iPad, iPod touch* und *Android.*

Machen Sie sich mit der Kamera vertraut. Studieren Sie die Bedienungsanleitung, und drehen Sie zu Hause selbst einige kurze Clips. Gehen Sie mit Ihren Schülern die Bedienung der Kamera und das Überspielen auf den Computer einmal gemeinsam durch. Danach kann diese Schritte auch schon ein Viertklässler alleine durchführen.

Ablauf:
1. Die Schüler aktivieren die Kamera und filmen die besprochene Einheit.
2. Am PC werten sie die Ergebnisse aus und schneiden den Clip ggf. (siehe S. 146). Das Ergebnis wird eindeutig benannt und an einem passenden Ort abgespeichert.
3. Nun kann der Clip hochgeladen, verschickt, gezeigt werden.

65. Handyclips erstellen

Medium: Handys mit Filmfunktion, *Bluetooth®*, PC

Kurzbeschreibung:
Durch das eigenständige Drehen eines Handyclips gelingt es den Schülern, die Mehrschichtigkeit eines Filmes zu begreifen, indem sie selbst für die Erarbeitung von Story, Bild und Dialogen verantwortlich sind. Sie bekommen einen authentischen Einblick in die Arbeit eines Regisseurs.

Impulse:

- ✔ Lassen Sie Ihre Schüler in Sachkunde/Naturwissenschaften einen selbstdurchgeführten Versuch dokumentieren.
- ✔ Drehen Sie in Geschichte die Schlacht um Waterloo nach.
- ✔ Setzen Sie Gedichte, Kurzgeschichten etc. in kleine Filme um.

Vorbereitung:
Hierzu brauchen Sie bzw. einige Ihrer Schüler ein Handy o.Ä., das sowohl über eine Kamera mit Videofunktion als auch über *Bluetooth™* zur Funkübertragung von Daten verfügt. Die neueren Modelle verfügen mittlerweile eigentlich standardmäßig darüber. Sie können dann Gruppen um die einzelnen Geräte bilden. In manchen Schulmedienzentren kann man sich auch geeignete Handys ausleihen.

Klären Sie im Vorhinein, wie mit den Geräten umgegangen wird und wie die Haftung aussieht. Setzen Sie ein Informationsschreiben an die Eltern auf, und halten Sie auch die Vereinbarung mit Ihren Schülern schriftlich fest.

Zum Bearbeiten der Handyclips gibt es viele verschiedene Programme, die meisten sind jedoch kostenpflichtig. Eine kostenlose Alternative, da sie zumeist im Windows Paket mit enthalten ist, ist der *Windows™ Movie Maker* (siehe S. 146). Auf der Webseite www.hoerspielbox.de gibt es verschiedene Soundeffekte, mit denen man den Clip zusätzlich noch unterlegen kann.

Bereiten Sie ein Arbeitsblatt zu einem Storyboard vor, auf dem Ihre Schüler festhalten, was in den einzelnen Szenen zu sehen sein soll, wie die Darsteller stehen, was sie sagen etc. Das erleichtert die späteren Aufnahmen ungemein.

Erklären Sie den Schülern, dass sie laut und deutlich sprechen sollen und dass Bewegungen für die Kamera verlangsamt werden müssen, da der Kameramann sonst nicht hinterherkommt.

Ablauf:

1. Teilen Sie den Gruppen die Arbeitsblätter zu den Storyboards aus, und lassen Sie sie diese bearbeiten. Lassen Sie sich das Ergebnis zeigen, sodass Ihre Schüler nochmals nacharbeiten können.

2. Teilen Sie jetzt die Handys aus, bzw. erlauben Sie Ihren Schülern, sie aus der Tasche zu nehmen.

3. Lassen Sie sich von den Schülern zeigen, wie man mit dem Handy aufnimmt. So stellen Sie sicher, dass die Gruppe das Handy bedienen kann, und lernen vielleicht selbst sogar noch etwas dazu.
4. Sprechen Sie ab, wann die Gruppen an welchen Orten drehen wollen. So sind Sie jederzeit im Bilde, wo sich Ihre Schüler gerade befinden.
5. Überspielen Sie nach „Drehschluss" die Handyclips mit Hilfe von *Bluetooth®* auf einen PC.
6. Bearbeiten Sie die Clips mit einem geeigneten Programm.
7. Speichern Sie die Clips, und brennen Sie ggf. eine CD für Ihre Schüler.
8. Ansehen und genießen.

66. Filme bearbeiten und schneiden

Medium: PC (*Windows Movie Maker*)

Kurzbeschreibung:
Live Movie Maker ist ein kostenloses Videozuschnittprogramm, welches sich durch eine sehr einfache Handhabung auszeichnet. Es ermöglicht, selbstgedrehte Filme zu schneiden und mit Musik zu hinterlegen oder aber auch Bilder zu einem Film zusammenzustellen. Das Vorgängermodell hieß nur *Movie Maker* und beinhaltete noch eine Zeit- und Audioachse. Je nachdem, welchen Anspruch Sie haben, empfiehlt es sich auch, mit dem Vorgängermodell zu arbeiten.

Das Programm eignet sich besonders gut für die Arbeit mit den Schülern, wenn diese beispielsweise eine Szene aus einem Roman verfilmt haben oder eine Expertenbefragung zum Thema Umweltverschmutzung auf der Straße durchgeführt haben, und diese Filmausschnitte nun in eine entsprechend angemessene Form bringen wollen, um sie später zu präsentieren.

Vorbereitung:
Sollten Sie das kostenlose Programm noch nicht auf Ihrem Computer vorinstalliert haben, können Sie es sich jederzeit aus dem Internet herunterladen. Das Programm ist danach sofort einsetzbar.

Ablauf:
Bitte beachten Sie, dass sich bei neueren Versionen die im Folgenden aufgeführten Schritte ändern können.

1. Mit Hilfe einer Digitalkamera muss Bildmaterial erstellt werden. Schüler können Fotos machen oder kleine Filmchen drehen. Diese können beliebig oft aufgenommen werden, da das Programm das Schneiden und Sortieren der Filmsequenzen ermöglicht.

2. Das Bildmaterial wird auf dem Computer gespeichert. *Live Movie Maker* wird gestartet, das Bildmaterial wird eingefügt. Klicken Sie dafür auf *Videos* und *Fotos hinzufügen,* und geben Sie dann den Speicherort Ihres Bildmaterials an.

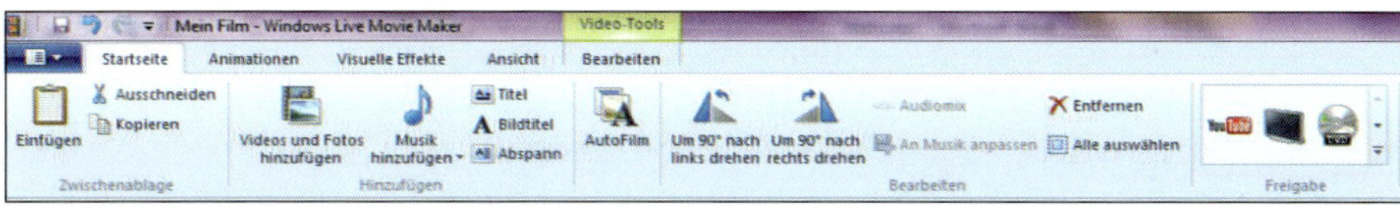

3. Das Bildmaterial wird automatisch in dem großen Bearbeitungsfeld auf der rechten Seite angezeigt. Auf der linken Seite befindet sich ein Kontrollfeld, in dem Sie zu jeder Zeit überprüfen können, wie das Produkt aussieht. *Live Movie Maker* zeichnet sich durch die übersichtliche Struktur aus. Wenn Sie mit der Maus über eine bestimmte Funktion fahren, wird Ihnen automatisch ein Informationskästchen angezeigt, in welchem Sie nachlesen, welche Funktion sich hinter dem entsprechenden Symbol befindet. Dies erleichtert auch den Schülern die schnelle Einarbeitung. Hier sollen nun einige Grundfunktionen und ihre Einsatzmöglichkeiten erklärt werden:
   - ✔ *Titel und Abspann automatisch hinzufügen:* Sie können dem Film automatisch über *AutoFilm* einen Titel und einen Abspann hinzufügen. Das Programm kümmert sich dann auch um die Übergänge. Sie müssen lediglich durch einen Doppelklick auf das hellrot unterlegte Textfeld im Bearbeitungsfeld den Titel und den Abspann einfügen.
   - ✔ *Musik hinzufügen:* Sie können Ihr Bildmaterial mit Sprachdateien oder Musik hinterlegen. Klicken Sie dafür auf *Musik hinzufügen*, und wählen Sie in Ihren Dateien die entsprechende aus. Audiodateien werden Ihnen im Bearbeitungsfenster grün oberhalb des Bildmaterials angezeigt. Wenn Sie die Audiodatei verschieben möchten, klicken Sie auf den grünen Balken an den Anfang und ziehen ihn an die Stelle des Bildmaterials, an dem es beginnen soll.

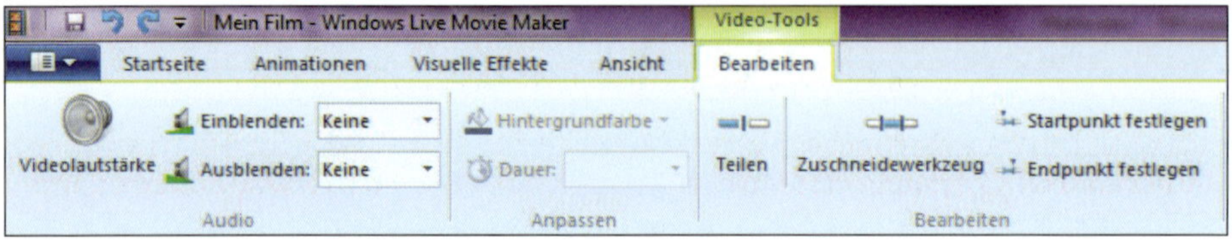

- ✔ *Videomaterial bearbeiten:* Unter *Bearbeiten* finden Sie die benötigten Werkzeuge, um das Video zu schneiden. Am einfachsten geht es, wenn Sie im Bearbeitungsfeld die Stelle des Videos anklicken, in der Sie den ersten Schnitt machen möchten, dann das Video dort *Teilen* und die zweite Stelle ebenfalls teilen. Danach können Sie das Zwischenstück entfernen. Oder Sie verfahren über die Optionen *Startpunkt* festlegen und *Endpunkt festlegen.* Dafür markieren Sie den Anfang des Materials, welches Sie benötigen, klicken dann auf *Startpunkt*, markieren dann das Ende und klicken auf *Endpunkt.*

  Möchten Sie die Anzeigedauer von Bildern ändern, klicken Sie ebenfalls auf das Bild, und ändern Sie dann unter *Bearbeiten* die Dauer auf Ihre gewünschte Zeit.

4. Der große Vorteil an dem Programm ist, dass es Videos je nach Bedarf in verschiedenen Größen abspeichern kann. Ein Video, welches später auf einer großen Leinwand gezeigt werden soll, braucht eine andere Qualität als ein Handyvideo. Ein Film, der per E-Mail versandt werden soll, braucht eine möglichst kleine Größe, damit die Übertragung auch funktionieren kann.

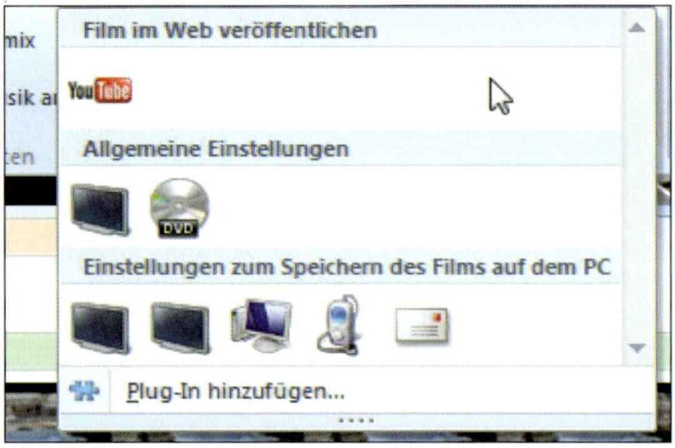

Nutzen Sie daher am besten immer die Freigabeoptionen des Programms. Unter *Startseite* finden Sie ganz rechts in der Werkzeugleiste die *Freigabe*, wählen Sie dort die entsprechende Speicherqualität aus, und speichern Sie erst dann das Video ab. Sie können Ihr Filmmaterial auch direkt auf *YouTube*™ veröffentlichen, wenn Sie das wünschen. Wenn Sie mit Ihrer Maus wieder über die Symbole fahren, dann werden Ihnen diese auch genau erklärt.

(Adobe) Flash	Programm zur Darstellung multimedialer Dateien
Android	Betriebssystem für mobile Geräte
App Store	Internetportal, welches Programme für iOS-Geräte verkauft
Apps	kleine softwareunabhängige Programme, meist für tragbare Geräte
Backup	Englisch für Datensicherung
BIOS	Software auf der Festplatte, die einen Computer funktionsfähig macht
Blog	öffentliches geführtes Tagebuch auf einer Webseite
bloggen	Bezeichnung für das Hinterlassen einer Nachricht auf seinem Blog
Blu-Ray	Nachfolger-Speichermedium der DVD, siehe auch S. 15
Bluetooth	Technologie, die die Datenübertragung via Funk innerhalb kurzer Distanzen ermöglicht
Browser	Computerprogramme, über die das Internet angezeigt wird, wie beispielsweise der Internet Explorer, Firefox oder Google Chrome
Chatroom	virtueller Ort, an dem man sich mit mehreren Personen über unterschiedliche Themen austauschen kann
Communities	Internetgemeinschaften, die sich untereinander austauschen
Creative Commons Lizenz	kostenlose Lizenz zur Veröffentlichung und Verbreitung digitaler Medieninhalte
Datenflatrate	Internettarif, der über ein unbegrenztes Datenvolumen verfügt
Domain	einmaliger Name einer Internetseite
Drag-and-Drop	Methode, um Inhalte am Computer durch Anklicken und Herüberziehen zu verschieben
Dropbox	kostenloser, geräteunabhängiger Speicherplatz
Dropdown-Menü	eine versteckte Menüleiste, die sich durch Anklicken nach unten öffnet
Emoticons	Bilder, die durch Buchstaben oder Satzzeichen erstellt werden, um seiner Stimmung oder seinem Gefühlszustand Ausruck zu verleihen :-) = fröhlich
externes Laufwerk/Festplatte	mobiles Speichermedium, siehe auch S. 17
FlashPlayer	Standardprogramm, um Dateien aus dem Internet abspielen zu können

Geocaching	elektronische Schatzsuche, die mit Hilfe von GPS-Daten durchgeführt wird
Gigabyte	Maßeinheit zur Speicherung elektronischer Daten
GPS	Navigationssystem, das mittels Satellitenübertragung Zeit messen und Positionen bestimmen kann
Hardware	mechanische oder elektronische Geräte
Hot Potatoes	Software zur Erstellung von Lernspielen
html	Sprache, die benötigt wird, um Inhalte im Internet darzustellen
Hyperlink	eine elektronische Verknüpfung, das Klicken auf einen Hyperlink bewirkt den Sprung auf eine andere Seite oder Stelle
Icon	Schaltfläche oder Symbol, welches durch Anklicken das Ausführen beispielsweise einer Software startet
Interaktives Whiteboard	digitale Tafel, über die man Zugriff auf Computer-programme und das Internet erhält
iOs	Betriebssystem für Apple Geräte, entspricht Windows von Microsoft
iTunes	Verwaltungsprogramm für Audiodateien von Apple
Java	Programmiersprache, die zum Abspielen bestimmter Programme benötigt wird
kompatibel	zwei Programme oder Bauteile, die miteinander vereinbar sind
Link	kurz für Hyperlink, mit diesem Verweis kann man durch Klicken auf eine andere Seite springen
Mahara	Software zur Erstellung von e-Portfolios
Masher	kostenpflichtiges Tool, mit dem man unterschiedliche Aufgabentypen miteinander verknüpfen kann (z.B. bei Hot Potatoes)
MasterTool	Programm zur Erstellung von Unterrichtseinheiten am interaktiven Whiteboard
Megabyte	Maßeinheit zur Speicherung elektronischer Daten
Midi	digitale Schnittstelle für Musikinsturmente
Moodle™	Lernplattform im Internet
Navigationsleiste	ein Element einer Webseite, die dem Nutzer eine Übersicht über den Seitenaufbau ermöglicht
Open Source	frei zugängliche und nutzbare Software
PDA	kompakter, tragbarer Computer

Podcast	abonnierbare Medien
Promethean Activeboards	siehe Interaktives Whiteboard
QR-Code	zweidimensionaler Code zur Verschlüsselung von Daten
Reiter	Felder, die es ermöglichen, innerhalb einer Internetseite zu anderen Inhalten zu wechseln, ohne auf die Startseite zurückkehren zu müssen
RSS-Datei	Format zur Veröffentlichung veränderter Daten im Internet
RSS-Feed	Bereitstellung von Daten im RSS-Format
SD-Karte	digitales Speichermedium
Server	zentraler Rechner, der viele untereinander vernetzte PCs verwaltet
skypen	Bezeichnung für die Tätigkeiten mit der Software Skype. Skype ermöglicht es, per Internet mit anderen zu chatten oder zu telefonieren.
Slot	Steckplatz für z.B. digitale Speichermedien
Smart Board	siehe Interaktives Whiteboard
Software	Programme, die auf elektronischen Medien abgespielt werden können
Tablet-PC	kleine tragbare Computer, die häufig über einen Touchscreen bedient werden
TrueCrypt	Programm, um Daten mit Passwörtern zu schützen
Tweet	Beitrag auf Twitter
Twitter	kostenlose Kommunikationsplattform für Kurznachrichten
Twittern	Schreiben eines Beitrags auf Twitter
URL	auch: Internetadresse
USB-Port	Steckplatz für USB-Datenträger
USB-Stick	digitaler Datenträger
Voki	Software, die sprechende virtuelle Figuren kreiert
Web 2.0	Weiterentwicklungsstufe des Internets, indem der frühere Benutzer als aktiver Gestalter in Aktion tritt
Webcam	eine an den Computer angeschlossene Kamera, die das Geschehen vor dem Bildschirm live über das Internet überträgt (ähnlich des Bildtelefonierens)
Wiki	Webseiten, die von Benutzern gelesen/verändert werden können
YouTube™	Internetseite, auf der Videos kostenlos hochgeladen und angesehen werden können

Übersicht über sämtliche Ideen